KB238898

내가
사는
세상
내가
하는
인문학

내가 사는 세상 내가 하는 인문학

플라톤에서
니체로

초판 1쇄 발행 2015년 10월 5일
초판 2쇄 발행 2016년 8월 12일

✚ 지은이 **문성준** ✚ 그린이 **하얀가루**
✚ 펴낸이 **이동하** ✚ 편집 **윤소영** ✚ 디자인 **낭만공작소**

✚ 펴낸곳 **새잎** ✚ 등록 2010년 1월 26일 제25100−2010−0001호
✚ 서울시 중구 서울중앙우체국 사서함 3243호
✚ 전화 0505−987−4221 ✚ 팩스 0505−987−4222 ✚ 홈페이지 www.saeib.com

ISBN 979−11−85600−03−1

이 책은 한국출판문화산업진흥원의 2015년 〈우수 출판콘텐츠 제작 지원〉 사업 선정작입니다.

내가
사는
세상
내가
하는
인문학

플라톤에서
니체로

문성준 글
하얀가루 그림

새앎

목차

2부 그러니까 어쩌라고

서문

책의 서문이란, 샴푸 뒷면의 주의사항 같은 겁니다. 그러니까, 정말 읽을 게 없지 않고서야 아무도 읽으려 하지 않는, 뭐 그런 거란 말이죠. 그래서 보통 꼭 읽어야 하는 내용인 경우는 별로 없습니다. 심지어 저는 후기까지 다 쓰고 나서 제일 마지막에 서문을 씁니다. 그러다 보니 제게 있어서 서문이란, 변명이 되는 경우가 보통입니다. 어떻게든 본문의 궁핍함을 상쇄해 보려는 더 궁핍한 수단이죠. '아, 내 글을 돌아보니 이러저러하구나, 이러저러한 것이 부족하니 독자들은 이러저러하게 읽어주면 좋겠구나' 같은 아쉬움을 담는 겁니다. 본문에서는 다 말하지 못한 것들을 어떻게든 해결해 보려는 미련 같은 것이죠. 게다가 《내가 사는 세상 내가 하는 인문학: 플라톤에서 니체로》는 포털 사이트에서 연재했던 웹툰을 설명과 곁들여 책으로 엮는 방식이라 미련이 더 남는 것인지도 모르겠습니다.

　미련이란, 그리고 변명이란, "인체에 무해하나 먹지 마시오" 따위가 그런 것처럼, 거의 무의미하지만 어쨌든 써넣어야 할 것 같은 주의사항입니다. 그런데 주의사항이 있다는 말이 꼭 나쁜 것만은 아닙니다. 위험요소나 주의사항이 없는 것들은 보통 지루하죠. 재미가 없습니다. 그저 착하기만 한 남자가 별로 매력적이지 못한 것과 비슷하달까요?

그럼 변명을 시작해 보죠.

우선, 이 책의 저자도 자신의 능력을 과신한 이들이 으레 그렇듯, 이게 다 필요할까 싶을 정도로 많은 이야기를 넣게 되었습니다. 그런데 그 내용들이 대부분은 학교에서 가르쳐주어서는 안 될 내용입니다. 말하자면, 선생님이나 부모님들이 봤다면 당장 책을 집어 던질만한 이야기라는 거죠. 하지만 그렇다고 완전히 근거 없고 허무맹랑한 이야기만 있는 것은 아닙니다. 학교에서 가르쳐 줄 만한 것들도 어느 정도는 들어있죠. 플라톤이니 데카르트니 니체니 하는 이름들 말입니다. 어쨌든 제 글에도 근거가 필요하고, 그에 가장 유용한 도구는 아무래도 그런 사람들의 말이기 때문이죠. 하지만 그렇다고 "그들의 말이기 때문에 맞아! 닥치고 들어!"라는 식으로는 쓰지 않았습니다. '그들의 말이기 때문에' 맞는 것이 아니라, '맞는 말이기 때문에' 그들의 말을 쓰려고 노력했습니다. 제가 이 책을 통해 말하고 싶은 것은, 니체의 인문학도, 플라톤의 인문학도 아니라 '나'의 인문학, 그리고 독자 여러분들의 인문학이기 때문이죠.

니체도 플라톤도 그저 사람일 뿐이고, 그러다 보니 그들이 한 말이 그들에게는 맞을 수 있지만, 우리한테는 전혀 맞지 않을 수도 있거든요. 그들의 철학이고 그때의 철학일 뿐이죠. 아무리 대단한 사람들의 말이라도 지금 우리에게 쓸모가 없다면, 그건 결국 뜬구름 잡는 소리라고 생각합니다. 그래서 여기에는 '지금' '나'에게 필요하고 쓸모 있다고 생각된 것들만 썼습니다.

그렇기 때문에 이 책의 내용적인 측면에서 가장 중점을 두어 쓴 것은 '활용'의 문제였습니다. 철학은 망치가 되어야 한다는 니체의 말처럼, 철학과 인문학은 꽁꽁 얼어붙은 우리의 사고를 깨서 그 밑에 흐르는 물을 마실 수 있게 해주어야 합니다. 즉 '도구'가 되어 우리의 삶에 유용한 방향으로 사용되어야 한다는 말이죠. 도구여야 한다는 말은 어떠한 철학도, 인문학도 성역이 되어서는 안 된다는 것을 의미하기도 합니다. 망치인 이상 우리는 그것으로 못을 박아도 되고, 무엇을 부수는 데 써도 되고, 그것도 아니면 예술품처럼 장식하는 데 써도 됩니다. 그것이 저 위대한 소크라테스의 철학이든, 플라톤의 철학이든, 아니면 이 말을 한 당사자인 니체의 철학이든 간에 그것을 마치 무슨 신줏단지 모시듯 하는 게 아니라는 말이죠. 철학이든 인문학이든 아니면 또 다른 무엇이든, 오직 우리의 삶을 위해 사용

9

되어야 할 도구입니다. 목적이 되어야 할 것은 오직 우리 삶과 행복이죠. 모든 것은 삶을 위한 수단이 되었을 때에야 비로소 의미가 있습니다.

그래서 웹툰을 연재하면서도, 그리고 책으로 엮으면서도 항상 고려했던 부분은 인문학이 삶과 분리되지 않게 하는 것이었습니다. 우리의 괴로움과 슬픔을 직접 마주하고, 삶 속에서 맞닥뜨리는 문제들과 우리를 괴롭히는 정상과 비정상, 당연함과 부조리 등에 관하여 생각해 볼 수 있는 웹툰을 그리려고 노력했죠. 다행히 그 결과가 그다지 나쁘지는 않았다고 생각합니다.

그리고 우연찮은 기회에 책을 내게 되면서 그런 삶의 문제 속에서 인문학은, 문학은, 예술은 어떤 역할을 할 수 있는지, 그리고 어떤 역할을 해야만 하는지에 대해 글로써 설명을 덧붙였습니다.

그렇기 때문에 각각의 글은 웹툰에서 다루었던 내용과 최대한 중복되지 않게 썼습니다. 간혹 전혀 다른 이야기라고 생각될 수도 있지만, 기본적으로 동일한 주제를 가지고 전개되는 설명입니다. 돈을 주고 구매한 책이 공짜로 연재됐던 웹툰과 별반 다를 게 없다면, 돈 낭비, 시간 낭비, 정성 낭비, 노력 낭비니까요.

또한 최대한 쉽게 쓰려고 노력했습니다. 우리의 일상 언어와 멀리 떨어져 있는 인문학 언어를 최대한 가까이 가지고 오려고 했죠. 이 책은 인문학을 전공하는 학부생이나 대학원생을 위해 쓴 책이 아니기 때문입니다. 그냥 일상에서 삶의 시각을 아주 조금이라도 바꾸어 보려는 사람들, 큰 것에 매몰된 사람들, 그리고 그런 매몰 속에서 힘겨워하는 사람들을 위한 것이죠.

그런 분들은 아마 저와 비슷한 경험을 하신 분들일 겁니다. 여기저기 너도나도 인문학이 필요하다고 하니까 좋다는 걸 알긴 알겠는데, 그래서 해야 한다는 것도 알긴 알겠는데, 막상 해 보니 이게 만만치가 않은 거죠. 그래서 한 두어 번 해보다 포기한 정도의 경험 말입니다. 한마디로, 관심은 있지만 그 높은 벽 때문에 포기했던 평범한 사람들, 즉 저 같은 사람들이죠. 그리고 보통 이런 사람들을 '우리'라고 하죠. 비슷비슷한 사람들이요.

그런데 그런 어려운 철학들을 이해하지 못하는 것도 '우리'지만, 세상을 이루는 대다수의 사람들도 '우리'입니다. 대한민국 인구의 98퍼센트 정도는 플라톤의 《국가》도, 니체의 《차라투스트라는 이렇게 말했다》도 읽어본 적이 없는, 혹은 읽다 포기한 '우리'들이죠. 칸트니 뭐니 다른 책들도 마찬가지일 겁니다. 허구한 날 쏟아져 나오는 추천도서 역시 '수집'만 하지, 읽진 않습니다. 읽을 수가 없거든요. 너무 어려워서. 그리고 내 삶과 너무 동떨어져 있는 것 같아서요. 그러다 보니 도대체 왜 그렇게까지 어렵게 써야 하는지 이해는 안 되지만, 어쨌든 좋은 책이라니 그저 '내가 잘못됐구나. 내가 바보로구나'하며 자책하고 맙니다.

이게 일반적인 다수의 사람들이고, '우리'죠.

저도 마찬가지로 평범한 인간인지라, 도저히 그것들을 읽어낼 재간이 없었습니다. 그리고 도무지 무슨 소리를 하는 건지 알 수가 없으니 당연히 포기하게 됐죠. 철학은 원래 이렇게 어려워야 하는 건가, 이 세상에는 이런 글을 읽고도 이해할 수 있는 인간이 정녕 존재하는 것인가, 그야말로 철학적 갈등들이 마구마구 생겨났죠. 그래도 저는 어쩔 수 없이 읽어야만 하는 사정이 좀 있어 어떻게든 꾸역꾸역, 그리고 긴긴 시간 동안 읽어 간신히! 조금씩이나마! 이해하게 됐고, 그러다 보니 어찌 됐든 그에 관련된 이런저런 일도 하게 되었습니다.

그러면서 생각했던 것이 이겁니다.

"더럽고 치사해서 내가 쉽게 쓰고 만다."

그래서 가장 쉬운 게 뭘까 고민하다가 웹툰을 하게 됐고, 지금은 또한 이런 글을 쓰게 된 것입니다.

그럼 이제 내용적인 면에서는 변명을 했으니 구성적인 부분에 대해서도 잠시 변명을 해보도록 하겠습니다.

이 책은 크게 두 부분으로 되어 있습니다. 1부(1~3장)는 정답사회, 당연함, 기준, 정상 등 우리를 힘겹게 만드는 것에 관하여 말합니다. 사실, 말한다고 쓰기는 했지만, 그리 고상하게 쓰지는 않았고, 말하자면… 조금! 깠습니다. 고상한 말로는 이걸 비판했다고 하죠. 정답 사회가 어떻게 우리를 괴롭히고 있으며, 괴롭히게 되었는지를 비판하는 것입니다.

그리고 나머지 후반부는 그런 정답사회를 벗어나기 위한 도구로써의 니체를 썼습니다. 그것이 전체 시리즈 중 2부죠. 물론, 이 작은 책에서는 니체도, 그리고 그런 해결책도 전부 다룰 수는 없었습니다. 그래서 예정은 되어 있지만, 아직 세상에 나오지 않은 3, 4부는 푸코와 라캉, 들뢰즈 등의 현대 인문학자를 중심으로 그것을 이어 조금 더 자세하게 쓸 예정입니다.

언제나 그렇지만 책을 쓸 때 가장 힘든 것은 제목입니다. 인터넷 연재를 통해 이미 보신 분들은 알겠지만, 연재 당시의 제목인 《꽃보다 요지경》은 그대로 쓰기에는 조금 무리가 있는 제목이었습니다. 그래서 우여곡절 끝에 지금의 제목으로 바꿨습니다.

《내가 사는 세상 내가 하는 인문학: 플라톤에서 니체로》라고 제목을 지은 이유는 크게 두 가지가 있습니다.

우선 첫 번째는 저와 같은 보통사람들에게는 어렵기만 한 인문학을 우리들 '곁'으로, 즉 우리가 사는 '세상'으로 가지고 온다는 의미입니다. 다시 한 번 말씀 드리지만, "삶과 떨어진 인문학, 세상과 분리된 인문학이 도대체 어디에 쓸모가 있다는 건가"라는 게 기본적인 제 생각입니다. 그러니 남의 세상이 아닌, 플라톤의 세상도, 니체의 세상도 아닌 바로 '내가 사는 세상'인 것이죠.

그리고 두 번째는 그로 인해 가까워진 인문학을 '하는' 걸 말하고 싶었습니다.

앎에는 두 가지 길이 있습니다. 하나는 쌓는 길이고 하나는 버리는 길이죠. 우리는 보통 전자를 '지식'이라 부르고, 후자를 '지혜'라고 부릅니다. 인문학이란, 이 두 가지 길 중 지식보다는 지혜에 가까운 것이 아닌가 싶습니다. 물론, 쌓지 않고 버릴 수는 없겠지만, 근본적으로 인문학은 버리는 길에 가까운 것이죠. 편견을 버리고, 독단을 버리고, 당연함을 버리고, 결국에는 모든 테두리를 버려서 사고가 자유로워지는 것이 인문학이 아닐까 생각합니다. 철학도 마찬가지고요. 그런데 이런 인문학이나 철학이 "배울 學"으로 쓰여 있기 때문에 마치 학문을 하듯이 공부해야만 하는 것처럼 우리는 쌓기만 합니다. (소크라테스는 실제로 그런 말을 한 적도 없지만) 어쨌든 시험에는 그렇게 나오니 "악법도 법이다"라는 말을 소크라테스가 했다고 외우고 다니는 것이죠. 하지만 어떻게 하면 소크라테스처럼 살 수 있는지, 더 나아가 어떻게 하면 소크라테스보다 더 잘 살 수 있는지를 스스로 알아가는 과정이 인문학이며, 그러므로 인문학은 '하는' 거라고 생각합니다. "배운다", "공부한다"가 아니라 "한다", 혹은 "산다"라고 표현하는 것이 더 적합한, 독특한 학문이죠.

"자유를 배운다"라고 하는 것이 아니라 "자유롭다"라고 말하는 것처럼 말입니다.

그래서 이 책의 제목을 《내가 사는 세상 내가 하는 인문학: 플라톤에서 니체로》로 바꾸게 된 것입니다.

정기 연재를 할 때면 언제나 그렇지만, 마감에 쫓기다 보니 계획 없이 헝클어져 있던 것을 이번 기회에 글과 함께 정돈하여 책으로 엮는 것입니다.

그러다 보니 만화만 보자면 각각의 장들을 개별적으로 읽어도 상관없습니다. 하지만, 읽기에 편하다고 만화부터 다 읽고 설명을 나중에 따로 읽는 것은 무모한 행위입니다. 단언컨대, 만화를 먼저 다 읽어 버리면 설명은 반도 읽기 전에 책을 덮어버릴 거라는 사실은 아마 독자 여러분도 잘 알고 계실 겁니다. 그러니 먼저 각 장별로 만화와 설명을 함께 읽으시길 바랍니다. 먼저 만화를 통해 우리가 사는 세상 속에서 당면하는 문제들을 들여다보고, 그에 관한 우리가 하는 인문학적 설명을 읽는 것이죠. 그래야 책이 수월하게 읽힐 것입니다.

또한 앞서 말씀드린 것처럼, 전체의 구성에서 보자면 각각의 장은 별개의 독립된 내용으로 되어 있습니다. 즉, 순서에 상관없이 읽어도 무방하다는 말이죠. 하지만, "인체에 무해하나 먹지 마시오"라는 주의사항이 그런 것처럼, 이왕이면 순서대로 읽는 것이 좋습니다. 무해하다고 실리카겔을 먹는 사람은 없잖아요. 말하자면 이 책에 있어서의 '순서'라는 것은 그런 정도입니다.

마지막으로 감사의 인사를 드려야 하는데, 너무 많은 분들이 떠올라 누구를 언급하더라도 나머지 분에게 실례가 될 것 같습니다. 그래서 고민 끝에 아버지, 어머니 단 두 분께만 감사의 인사를 드립니다.

감사합니다.

1부
우리를
힘들게
하는
것들

데카르트
1596−1650

카뮈
1913−1960

플라톤
BC 427−347

01

앞으로
나란히
좌우로
정렬

내가
사는
세상

결혼정보회사

하나

나에게는 특별(?)한
친구들이 많다.

바로 태어날 때부터 지금
까지 여자친구를 한 번도
사귀어 보지 못한...

우리는 태어나던 순간부터 이미 솔로였다

NATURAL BORN SOLO!
즉 전문용어로 모태솔로라
불리는 녀석들이다.

오늘은 그중에서도
정말 여자 손 한번 잡아
보지 못한 모태솔로,
비노 군의 이야기다.

어느 날, 언제나처럼
음주가무로
시간을 보내고 있던
나와 친구들은...
고기를 굽고...

술을 마시고...

노래를 부르고...

다시 또 술을 마셨지만...

어쩐지...
조금도 즐거워지지
않았다.

이 자식...
누구나 알고 있지만,
차마 아무도 하지
못 했던 말을...

그리고 다음날,
우리는 샘이 일하는
카페에서 비노를...

나라 잃은 표정으로
좌절하고 있는 비노를
볼 수 있었다.

비노는 아무 말 없이
종이 한 장을 내밀었다.

비노가 내민 것은
다름 아닌 결혼 정보
회사에서 비노의 체력,
외모, 직업, 부모님 재력
등을 점수화해서
그의 결혼 적정 등급을
정한...

말하자면 성적표였다.

뒤늦게 샘의 카페로 온
쿠도는 비노에 관한
설명을 듣더니 고개를
끄덕였다.

음...그렇단 말이지?
이건 말이야. 이런 거야. 잘 봐.
우리는 보통 모의고사 성적이 실제 5등급이라도
막상 수능을 볼 때면 적어도 3등급은 나오지
않을까 기대하게 마련이잖아.
자기가 마음만 먹으면 1~2등급 정도 올리는 것쯤은
문제가 아니라고 생각하는 거야. 여태까지 점수가
좋지 않았던 건 그냥 운이 없었을 뿐이라고
생각하면서 말이야. 하지만 현실은? 우리는
여지없이 5등급이야.
아니면 6등급이나 7등급으로 더 떨어질 수도 있지.
하지만 분명한 것은 4등급이나
3등급으로 오르는 일은 절대로 없다는 거야.

자, 그렇다면
우리는 여기에서 어떤 결론에 이를 수 있을까?

비노 너는 정작 15등급이지만, 소개팅 자리에서
만나는 사람은 10등급이나 9등급쯤 되는 사람이
나오기를 바라겠지? 넌 원래 그 정도는 되는
사람이라고 생각하니까 말이야. 하지만 정작 네가
만나게 되는 사람은 아마 너와 비슷하게,
자기 자신은 15등급이지만, 혹시나 상대방은
10등급이나 아니면 9등급쯤의 남자가
나오지 않을까 기대하는, 하지만 그래도 역시
15등급인, 너랑 똑 같은 사람이 나온다는 거야.
그리고, 너와 그 사람이 만나면 어떻게 되지?
15등급 + 15등급이니까 30등급 짜리 연애를...

내가
사는
세상

등급

둘

중학교에 처음 갔을 때
가장 충격적이었던 것은
까까머리도, 선도부도,
무서웠던 선생님도
아니었다.

가장 충격적이었던 것은
다름 아닌, 수우미양가가
아니라 점수와 등수로
성적표가 나온다는 것!

평균 64.2점이라는
디테일한 수치와
132등이라는 등수는
나를 패닉에 빠트리기에
충분했다

제기랄... 나란 놈은 인간 쓰레기야!!

아무튼 충격적인 점수와
등수는, 마치 내 가치가
그만큼 밖에 되지
않는다는 것을 증명이라도
하는 것 같았고...

실제로... 그랬다.

아무튼 그렇게
등급은 성실하게
유지 중이었고...

1학년
132/143

2학년
140/151

3학년
......

나는 점점 공부와
멀어져 갔다.

어쩐지...
한 번 정해진 등급이
꼬리표처럼 따라붙는
느낌이었다.

하지만 누구나 일생에
한 번쯤은 좋은 스승님을
만난달까?
그런 나였지만 꼬리표를
끊어주신 분이 계셨다.

그분은 두꺼운 안경을
쓰셨던 국어 선생님이었
는데...

역시나 공부에 관심이
없었던 나는 그분의
수업 시간에도 여지없이
멍하니 창밖을 보며
시간을 보내곤 했다.

현대소설의
특징으로는....

아마 이런 모습쯤...

...일리가 없다.

문학은 세상을 보는 눈이란다.
우리가 너무 당연하게 지나쳤던 것들에 다른
모습이 있음을 보는 낯설게 보기인 거지.
가령 너희들이 매일 보는 창밖의 저 나무가
바람이 불때는 어떤 색으로 변하는지를 보는 게
소설가나 시인이 세상을 보는 방식이란다.
창밖의 나무가 바람이 불 때면
무슨 색으로 변하는지...

아나?
토루 이자식아?

나른한 봄날 오후였지만,
껌뻑껌뻑 조는 내게도
선생님의 설명은 들렸다.
물론, 아주 단편적으로...

하얀색이요

그때 나는 졸면서도
창밖을 보던 중이라...
우연히!!! 나뭇잎이
바람에 뒤집히면서 하얀
뒷면을 드러내고 있는
것을 보았고...

무의식중에 대답했다.

뭔가... 시인의 감성을
받아들이지 못하는 대한
민국 교육에 진절머리를
느끼며 고뇌하는 천재쯤
으로 나를 오해 한
국어선생님은...
3학년인 나에게도
문예부에 들어오게끔
권유도 해 주셨고

공부에도 관심을
가지게끔 친절하고
자상하게!
이끌어 주셨다.

내가
사는
세상

NO! *evolution!*

혹성탈출

셋

몇 해 전에 재미있게
봤던 영화 중에
〈혹성탈출:진화의 시작〉
이 있다.

1968년에 처음 만들어진
〈혹성탈출〉의 프리퀄 격인
작품인데...

거장 프랭클린 J. 샤프너
의... 전설적인 영화인
〈혹성탈출〉은 말하지
않아도 다 아실 테니
따로 설명하지는
않겠다...

...라기 보단 난 아직
〈혹성탈출〉 원작을...

몇 번이고 보려고 시도해
봤지만... 번번이 조느라
다 보지 못 했다.

사실 거장의 영화를 본
영화광이라고
잘난척하고 싶었지만...

우리나라 네티즌들
중에는...

숨겨진 능력자가 많다.

아무튼...
어느 날 오래간만에
고향인 제주도로
내려간 나는,

할 일이 없어서 빈둥거리
고 있었는데...

그 모습이
불쌍해 보였는지 동생은
난생처음으로...

정말!
난생처음으로 먼저
영화를 보러 가자고
권했다.

어쨌든 소문만 무성한
영화를 동생과
보러 갔는데...

영화는 생각보다
더 재미있었다.

그런데 이런저런 것들
중에서도 가장 인상
깊었던 장면은 역시

그 부분...

바로...

자신을 괴롭히는 인간을
거부하며 시저가
"NO!"라고 외치는
장면이었다.

생각해 보면...

나는 지금까지
"NO!"라는 대답을
별로 해본 적이 없다.

그리고 그건 누군가의
부탁을 들었을 때만이
아니라, 내가 갈 길을
누군가가 이미 정해
놓았을 때에도
마찬가지였다.

나는 그것을 거부해
보지 못했던 것 같다.

하지만...

어쩌면 우리는 그런 것
들에 당당하게 "NO!"
라고 대답할 수 있을 때
비로소 진화하게 되는
것은 아닐까?

당연해 보이는 것들을
아무런 거부 없이 따르
는 것이 진화 이전의
시저였다면...

당연해 보이는 것이
사실 전혀 당연하지
않은 것일 수도 있다는
걸 알게 되고...

그것을 향해 'NO!'라고
거부할 수 있게 된 것이
진화 이후의 시저였던
것은 아닐까?

물론, 이렇게 정해진
길이 아닌 길로
가다 보면

여러 가지 힘든 점들도
많이 있겠지만…

언젠가는 정말 자신의
길을 찾을 수도 있지
않을까?

53

아, 물론 잘못 갈 수도
있겠지만...

초등학교에서부터
반장, 부반장 등으로 나뉘다가

아무튼, 우리는 어쩌면 **54**
각성하기 전의 시저,
침팬지 상태의 시저처럼
어려서부터 등급이 매겨진
채로, 하라는 대로
하며 사는 것을
당연하게 생각하고
있었는지도 모른다.

아니, 어쩌면 그렇게
사는 방법밖에 모르기
때문일 수도 있다.

중. 고등학교에서는
점수와 수능 등급으로

대학교에 들어가서는
대학 등급으로

이건.. 그냥 어디서 주어들은 등급이니 민감하게 받아들이지 마세요...
픽션입니다. 픽션...하하하하..

졸업 후에는
취업으로,

취업해서는
비노처럼 결혼 적정 등급이나
대출 등급 등으로....

우리는 마치 이 소고기
에 등급이 매겨져 있는
것처럼 아니, 어쩌면
그보다 더 세밀하게
분류되어
먹기 좋고, 보기 좋게
진열되어 있는데도...

그런 것을 너무나 당연
하게 받아들이고 있는
것일지도 모른다.

그렇게 당연한 것처럼
우리에게 부여된 등급에
당당하게 NO! 라고
외칠 수 있는 그 용기가
어쩌면 진화의 시작일
것이다.

내가 하는 인문학
앞으로나란히 좌우로 정렬:
플라톤과 이데아

앞으로나란히 좌우로 정렬

그게 무엇이든, 우리는 순위를 정해야만 속이 후련해집니다. 뭐든지 그렇죠. 가려워 죽겠는데 손이 닿질 않는 등을 기어코 모서리에라도 대고 비벼야 하는 것처럼, 무엇이든 줄을 세우지 않고서는 견디지 못합니다.

"어이쿠, 저 집 따님은 1등급이래요 글쎄."

"어머나, 그래요? 우리 옆집 아들은 3등급도 간신히 넘었다고 그러던데."

"말도 말아요. 305호는 글쎄 6등급이래요."

"6등급이요? 어머, 실제로 그런 등급을 받는 애가 있어요? 어쩐대 아주머니가 고민이 많겠어요."

라는 식으로 아이들은 등급이 나누어집니다. 그리곤 무려, "학생의 본분"을 얘는 이만큼, 걔는 그만큼, 그리고 너는 딱 요만큼만 수행한 아이들이 됩니다. 그러니 아마 무척 높은 확률로 누군가는 1등급짜리 인생을 살고, 누군가는 3등급짜리 인생을 살게 될 거라는, 무시무시한 신탁(神託)을 받게 됩니다. 저 높은 하늘(SKY) 아래로 서성한 중경외시 건동홍, 성골 진골 6두품이 주르륵, 다소곳이 줄 맞춰 서서 자기 인생의 순위를 기다리는 거죠.

그럼 이걸로 끝이냐? 어림도 없죠. 이제 학교 밖으로 나가봅시다.

학교 밖 또한 정글입니다. 넓디넓은 정보의 바다 인터넷에서는 가수들이, 도무지 이해할 순 없지만 그래도 왠지 위로 올라가야 할 것 같은 가창력 순위로 나란히나란히 줄 맞춰서 서 있습니다. 여자 연예인들은 어이쿠야, 여신, 훈녀, 흔녀, 오크(심지어 인간도 아니죠)로 역시 나란히나란히 줄 맞춰 서 있고, 심지어 개도 지능지수 순으로 나란히나란히 서 있습니다. 애석하게도 마르쿠스라는 멋진 이름을 가진 옆집 강아지는 무려 마흔네 번째에 있군요. 천하장사 소시지를 좋아하는 옆집 강아지는 자기도 모르는 사이에 이름만 멋진 바보개가 되어 버립니다. 세상 어디를 보아도 나란히나란히죠.

말이 나온 김에 개 이야기를 좀 더 해 봅시다. 몇 해 전에 무척 슈퍼스타 했던 한 케이블 TV의 오디션 프로그램이 온갖 이슈들을 쏟아낸 적이 있습니다. 당연하게도, 곧바로 지상파 3사를 비롯하여 이곳저곳 너도나도 오디션 프로그램을 기획하여 방영했죠. 같은 포맷의 프로그램들은 그야말로 대기업이 동네 빵집 세우듯 일사불란하게 뻗어

나갔습니다. 노래를 넘어서 음식, 연기, 춤 등등 오디션 프로그램은 거침없이 자신의 영역을 확장했는데, 급기야는 마르쿠스, 즉 개들에게까지 그 촉수를 뻗었죠.

무척 슈퍼한 개를 뽑는 그 프로그램에서 가장 독(dog)한 dog가 되어야 하는 개들은 카메라 앞에서 외줄을 타고, 물구나무를 서고, 맙소사! 진짜로 쌍절곤을 돌리기도 했습니다. 당연히, 인간극장 못지않은 구구절절한 사연들이 '인간을 통해' 소개되는 것은 덤이었죠. 덕분에 개들은 '물론 인간이 보기에' 나날이 예뻐졌고, 능숙해졌고, 심지어 아름다워졌습니다. 그리고 나란히나란히. 넌 921점, 넌 905점, 넌 897점 점수가 매겨졌고, 축하한다. 니가 1등이구나. 아쉽게도 얘는 2등이야. 조금만 더 분발해야겠어 걔는 3등이야. 그리고 4등, 5등…… 등수가 매겨졌습니다. 1등을 한, 그럼으로써 '개의 본질'에 가장 충실했던 독(dog)한 dog, 두 살짜리 잭 러셀 테리어 종(種)은 천만 원의 상금과 무려! 평생 사료권을 획득하기도 했습니다.

학생은, '학생의 본질'에 가까울수록 1등급에 가까워지고, 그것과 멀어질수록 한없이 9등급에 수렴한다고, 세상은 말하죠. 마찬가지로 개들은, '개의 본질'에 가까워질수록 개다운 개가 되어 921점을 얻고 평생 자기 밥벌이는 하게 됩니다. 어찌 됐든 '본질'에 가까울수록 먹고 사는 걱정을 덜게 되는 것은 인간이나 개나 그다지 다르지 않아 보이죠.

이렇게 되면, 아주 가끔은 우리를 즐겁게 하고, 아주 많은 경우 우리를 슬프게 하는 그 '본질(essence)'이 도대체 무엇인지가 궁금해집니다. 그래서 대한민국에서 가장 똑똑한 '것' 네이버에 알아보니 본질이란, "본디부터 가지고 있는 사물 자체의 성질이나 모습"이랍니다. 얼씨구? 더 모르겠네요.

그러니 이것을 조금 더 쉽게 바꾸어 보죠. 결론부터 말하자면 본질이란, "~다움"입니다. 사람다운 사람이 사람의 본질에 가까운 사람인 것처럼, 바로 이 "~다움"이 잘 구현된 것일수록 본질에 가까운 것이 됩니다. 보통 우리말에서는 이런 "~다운 것"에는 '참된'이라는 형용사를 붙이죠. 예컨대 다랑어 중에서 가장 다랑어다운 것은 참다랑어이고, 돔 중에 가장 돔다운 것이 참돔입니다. 그리고 사람다운 사람, 즉 사람의 본질에 가장 가까운 사람을 우리는 참사람이라고 부르죠. 그러니까······ 인간다운 게 뭔진 모르겠지만, 어쨌든 인간다운 인간이 인간의 본질에 가장 가까운 겁니다. 그리고 그렇게 본질에 가까워지면 잘 사는 것이고, 그렇게 살아야 한다고 배우는 거죠.

그런데 이것은 필연적으로 목적론적 사고방식과 땔래야 땔 수 없는 관계가 됩니다. 이미 정답이 나온 곳, 즉 '인간적인 삶'이라는 목적으로 가야 하는 것이죠. 인간이라면 모두 '누군지는 알 수 없지만 어쨌든 누군가가 정한' 이러저러한 정답, 즉 인간다움이라는 목적지로 가야만 한다는 결론이 나오기 때문입니다. 어떤 대학을 나오고, 어떤 기업에 취직해서 자신의 결혼 등급과 맞는 사람을 만나 적어도 몇 살까지는 결혼해야 한다는, 실로 너무나 '인간적인' 목적지를 향해 꾸역꾸역 걸어가고 있는 것이 기본적으로 제대로 된 인간, 참사람, 인간의 본질에 가까운 사람이라는 말이 되는 것이죠.

그렇다면 우리가 생각해 보아야 할 것은 이 본질이라는 것을 도대체 누가, 어떻게 만들어 냈는가 하는 점입니다. 그리고 그것을 누군가가 만들어 냈다면, 우리가 꼭 그것을 지켜야 하는지, 생각해 봐야 할 문제죠.

선별의 기준

먼저, 본질이라는 게 진짜 있는지 없는지는 모르겠지만, 어쨌든 왜 우리가 본질타령을 하고 있는지 알아보기 위해서는 옛날로 옛날로 거슬러 올라가 봐야 합니다. 도대체 이 문제가 언제 어디서 어떻게 시작됐는지 알아야 뭔가 해답을 찾을 수 있을 테니까요. 그리고 그 시작점에서부터 우리의 생각이 어떻게 작동해 왔는지를 봐야 합니다.

결론부터 말을 하자면, 인간이 이러한 생각을 갖게 된 것은 세상에 대한 궁금증이랄까, 공포랄까? 아무튼 세상을 보는 시각 때문입니다. 우리는 세상을 어떻게 볼까요? 이렇게도 보고 저렇게도 보겠지만, 어떻게 보든 간에 인간은 기본적으로 모르는 것을 모르는 상태 그대로 놔두지 못합니다. 미지의 영역을 그대로 놔두면서 그것을 모른다고 받아들일 수 있을 만큼 무신경하달까? 용감하달까? 그런 사람은 별로 없죠. 예컨대 친한 친구가 애인이랍시고 갑자기 생전 처음 보는 사람을 데리고 나타났을 때 우리가 보이는 행동과도 비슷합니다. 우리는 상대가 나와 관계되어야 하는 사람(친구의 애인이니까 관계가 있겠죠)이라는 판단이 선다면, 그 즉시 그 사람을 어떻게든 해석하려 시도합니다. 입고 있는 옷을 보고, 신고 있는 신발을 보고, 하고 있는 화장을 보고, 하는 말을 듣고 우리는 상대방을 파악하려 하죠. 그리곤 과연 이 사람이 친구와 어울리는지, 혹시 친구에 비해 부족하거나 아깝지는 않은지 평가하죠. 하지만 그럼에도 사람이란, 그리 단순한 존재가 아니기에 파악되지 않는 경우가 간혹 있습니다. 이럴 때 우리는 생각하죠. "뭐야? 이 인간 완전히 사차원이잖아"라고요. 심지어 파악이 안 되는 것조차도 '파악 안 됨. 그러므로 이상함'이라는 범주 안으로 넣어 '이상함'이라고 이해(라고 쓰고 오해라고 읽는)해 버립니다. 미지의 존재를 도무지 견딜 수가 없는 것이죠. 어떻게든, 차라리 나쁜 놈일지언정 그 대상은 우리에게 해석되어야 합니다. 그래야 그 사람에 대해 어떻게 행동할지 판단이 서기 때문입니다.

니체가 자신의 이상한 책, 《이 사람을 보라》에서 "결국 누구도 책이나 다른 것들에서 자기가 이미 알고 있는 것보다 더 많이 얻어들을 수 없는 법이다"라고 했던 것도 이와 비슷한 맥락입니다. 우리는 책을 볼 때 항상 내가 '이해했다고 이해하는 부분'과 내가 '이해하지 못했다고 이해한' 부분만이 전부인 줄 압니다. 하지만 잘 생각해 보면 내가 이해하지 못했다고 생각하는 것은 이미 내가 '이해하지 못함'이라는 방식으로 그것을 이해, 혹은 해석한 것이죠. 즉 '이해 안 됨'이라고 생각해보지도 못한 미지의 영역이 있을 거라는 사실은 상상도 못 하는 것입니다.

말이 옆으로 샜지만, 우리가 세상을 보는 것도 이와 같습니다. 내가 '아는 세상'과 내가 '모른다고 아는' 세상만이 있을 뿐입니다. 그래야만 하죠. '알 수 없다는 것조차 알 수 없는 대상'은 완벽한 타자로서, 애당초 인식하지 못하거나 혹은 지독한 공포의 대상이 되기 때문입니다. 그래서 우리는 영원히 알 수 없는 존재인 '죽음'을 그렇게 두려워하는 것인지도 모릅니다.

그럼 이제 고대 그리스로 돌아가서 그들이 이 '알 수 없는 세상'을 어떻게 생각하며 살았는지 한번 보도록 하겠습니다. 거기서 사고의 뿌리가 시작되었다고 봐야 하기 때문이죠.

옛날 그리스 사람들이 세상을 볼 때도 모르는 것을 그대로 두지 못하기는 마찬가지였습니다. 비바람이 불고, 천둥번개가 몰아치고, 해일이 밀려오고, 땅이 갈라지고, 그러다가 언제 그랬냐는 듯이 포근하고 충만해지는 세상을 보며 어떻게든 해석을 해야 했습니다. 그리고 그 해석을 위해 빈 공간에 무언가를 끼워 넣었죠. 뭐가 뭔지도 모르겠지만, 자연을 조종하는 존재가 있다고 생각해야 했습니다. 안 그러면 이렇게 변화무쌍한 자연을 도무지 감당할 수가 없었거든요. 어제까지는 멀쩡했던 땅이 갈라지고, 잔잔하던 바다가 미쳐 날뛰고, 팔팔하던 친구가 병들어 죽고, 사라지는 고통에 어떻게든 의미를 부여해야 했습니다. 아무 의미도 없는 고통을 사람들은 견딜 수가 없었거든요. 지금 고통스럽더라도 이 고통에 어떤 의미가 있다고 생각이 된다면 사람들은 견딜 수 있었습니다. 우리가 대학 입학시험을 위해 고통을 감내하며 공부하는 것처럼 말이죠. 그래서 옛날 사람들은 자연을 주관하는 존재가 있다고 생각했고, 그 존재는 이 대단한 자연까지 좌지우지하는 만큼 엄청난 힘이 있다고 생각했죠. 그리고 그런 존재가 화가 났기 때문에 세상이 이 꼴이라고 '공포'를 느끼거나 '경외'를 가졌죠.

그런데 이들과는 다르게 자연이 왜 이러는지를 이성적

으로 해석하려고 했던 사람들도 있습니다. "도대체 이 세상은 어째서 이렇게 된 걸까?", "도대체 무엇으로 만들어졌고, 그 작동 원리는 무엇일까?"라는 궁금증을 이성으로 해결하려 한 거죠. 그 결과 세상은 물로 되어있다느니 공기로 되어있다느니 '오해'하기도 했습니다.

이랬을 때 전자는 신화가 되고, 후자는 철학이 되죠. 어쨌든 둘 다 뭔가 세상을 이렇게 만든 게 있다고 본 것입니다. 진짜가 따로 있다고 생각한 것이죠.

어딘가에 진짜가 따로 있으니까 여기는 어떻게 되겠어요? 시도 때도 없이 변하는 세상은 진짜가 아니라고 보았습니다. 영원한 것도, 절대적인 것도, 보편적인 것도 없는 허무한 세상을 가짜라고 보았던 것이죠.

세상을 이렇게 보고 있으니 그 속에서 발생한 생각은 필연적으로 영원한 것, 절대적인 것, 보편 것을 추구할 수밖에 없게 되었습니다. 불안해서 살 수가 없었거든요. 요컨대, 변하는 세상 속에서 변하지 않는 영원성, 절대성, 보편성 등이 인간의 이성이 세상에 관해 갖게 된 최초의 문제의식이 되었죠.

그래서 사람들은 '변하지 않는 것', 즉 진짜를 찾기 시작했습니다. 탈레스는 그것을 보고 도무지 말도 안 되는 것 같지만, 물이라고 했고, 아낙시만드로스는 뭔지 모를 아페이론(apeiron)이라고 말했습니다. 그리고 항상 자신의 스승

과 이름이 헷갈리는 아낙시메네스는 공기, 피타고라스는
수, 헤라클레이토스는 불, 그리고 데모크리토스는 원자라
고 말했죠. 이 사람들 외에도 많은 사람이 자기들 나름의
방식과 논리로 세상이 뭐라고 설명했지만, 우리가 기억하
는 사람들, 그리고 기억할 수 있는 사람들은 결국 그 사상
의 전쟁터에서 이긴 소수의 사람들일 뿐입니다. 물론, 이
사람들의 이름을 우리가 굳이 기억할 필요는 없습니다. 중
요한 것은 모두가 어떻게든 해석을 하려 했고, 그 결과로
무언가를 찾아냈다는 것이죠.

그런데 세상이라는 것이 자연만을 말하는 것은 아니죠.
인간 사회도 세상입니다. 사람들은 당연히 인간 사회에 대
해서도 정답을 찾으려 했습니다. 이런 인간 사회에 가장
많이, 그리고 가장 격렬하게 영향을 미치는 것에는 무엇이
있을까요? 네. 바로 전쟁입니다.

그리스 사람들이 정답을 찾으려 했던 데에는 전쟁, 특히
'페르시아 전쟁'도 한 몫 거들었습니다. 지금이야 세상이
너무 평화로워 전쟁이 뭔지도 모르고 살고 있지만, 당시만
해도 전쟁은 사회의 가장 큰 문제점 중 하나였습니다. 시
민과 군인이 따로 구분되어 있지 않았었기 때문에 어제까
지만 해도 멀쩡했던 친구가 오늘 갑자기 창에 맞아 죽기도
하고, 전쟁의 결과에 따라 왕이 바뀌기도 했습니다. 당연

히 그에 따라 이런저런 것들도 많이 바뀌었죠. 그러다 보니 사회가 무척 혼란스러웠고요. 더구나 그리스만이 전부인 줄 알고 살았던 사람들에게 강력한 페르시아 문명은 엄청난 충격으로 다가왔습니다. 지금에야 그리스문명, 즉 서양문명이 엄청나게 대단한 것처럼 여겨지지만, 당시 그리스는 페르시아에 비하면 아주 작고 발전도 덜 된 나라였죠. 그러다 보니 그리스 사회가 점점 요동치기 시작했습니다.

이런 상황 속에서 전쟁을 치르는 방식의 변화는 그리스를 결정적으로 바꾸어 놓았죠. 우리가 흔히 '트로이 전쟁'이라고 알고 있는 호메로스의《일리아스》를 보면 전쟁의 양상이 귀족형 전투였습니다. 쉽게 말해 소수의 영웅이 나와 대표로 싸우는 것이죠. 아킬레우스와 헥토르가 싸웠던 것처럼 말이죠. 우리 대장이랑 너희 대장이랑 싸워보자. 그리고 대장이 이긴 쪽이 이긴 걸로 하자. 뭐 이런 방식이었습니다. 하지만, 페르시아 전쟁에서는 좀 다른 방식으로 진행됐죠. 영웅이 이끌어 가는 귀족형 전투에서, 단결, 협동, 민중이 중요시되는 단체전으로 바뀐 겁니다. 그러니까 쉽게 말해 (이렇게 표현해도 될지는 모르겠지만) 패싸움이 된 거죠.

그런데 패싸움이 되면 어떻게 될까요? 대장만 나가서 싸울 때에는 대장이 가장 중요한 사람이 되겠지만, 팀원 전부가 나가서 싸우게 되면 이제 팀원 하나하나가 중요해

69

집니다. 한 명이라도 더 있어야 유리해지니까요. 즉, 일반 대중이 중요해지게 된 거죠. 이것은 문화와 정치에도 변화를 가지고 오게 됩니다. 전투에서 절대다수이자 가장 중요한 역할을 맡게 된 일반 시민의 역할이 커짐으로써 그들의 발언권도 자연스럽게 확대됐죠. 시민의 발언권이 커졌다는 것은 무엇을 의미할까요? 그렇죠. 민주주의가 발전하기 시작한 것입니다. 이때의 대중을 demos라고 하는데, 여기에서 democracy가 나오게 되는 거죠. 이에 따라 그리스는 민주주의를 시작할 수 있게 되었습니다. 물론 불완전했지만요.

민주주의와 정답을 찾는 게 무슨 상관이냐고 생각하실 수도 있는데, 바로 이 민주주의의 성격이 정답을 찾고자 하는 데 중요한 역할을 하게 되죠.

민주주의가 발달한 사회란, 쉽게 말하자면 하나의 정답이 있는 사회가 아니라 네 말도 맞고 내 말도 맞는 사회라는 말입니다. 서로의 의견이 오가며 토론하고 논쟁하고 투표하고, 뭐 그러면서 무언가를 결정하는 시민들의 사회인 것이죠. 그래서 당시의 그리스는 정치, 철학, 종교, 행정, 관직 등 거의 모든 분야에서 다양한 주장이 오가고 부딪혔습니다.

알기 쉽게 페르시아와 잠시 비교를 해봅시다. 페르시아에는 절대권력을 가진 황제가 있어서 신하들 보고 죽으라면 죽고, 까라면 까야 하는 초월적인 법이 있었지만, 그리스에는 그런 게 없었죠. 개인의 가치나 기준을 뛰어넘는 초월적 규칙이 지배하는 사회가 아니라, 개인적인 규칙과 질서가 난립하는 사회였습니다. 심지어 재판을 할 때조차 절대적인 법이 있어서 너는 유죄, 너는 무죄가 되는 것이 아니라 말을 잘해서 가능한 한 많은 배심원을 설득하면 유죄도 될 수 있고, 무죄도 될 수 있는 사회였죠. 한 마디로 다수결의 사회였던 것입니다.

그런데 바로 이런 점 때문에 플라톤은 그리스, 좁게는 아테네의 민주주의를 비판했습니다. 민주주의는 그저 난삽한 견해(doxa), 즉 개인적인 의견들의 싸움터였을 뿐이고, 이러한 견해의 충돌이 결국 소크라테스의 죽음과 같은 잘못된 결과를 가져왔다고 여겼죠. 그는 특히 그 주범을 소피스트라고 생각했습니다. 소피스트들이 항상 궤변을 늘어놓으며 대중을 속인다고 생각했죠. 그 좋은 말빨로 사람들을 홀려서 맞는 것을 틀린 것으로 만들고, 중요한 것과 중요하지 않은 것을 혼동하게 만들었다고 플라톤은 말했습니다. 그래서 세상이 소피스트들 때문에 혼란스러워졌다고, 말하자면… 개판이 되었다고 보았던 겁니다. 그러니 플라톤은 어떻게 해야 할까요? 소피스트들에게 속지 않는 법을 생각해 내야 했습니다. 그래서 그는 소피스트들의 궤변에 흔들리지 않는 절대적인 기준을 세우려고 했죠.

예를 들어 시민들이 다들 자기 멋대로 무언가가 맞다고 주장한다면, 그는 필연적으로 자기와 다른 주장을 하는, 그러니까 꼭 자기 닮은 사람을 만나게 됩니다. 또 다른 것을 자기 멋대로 주장하는 시민을 만나게 되는 것이죠. 그렇게 되면 어떻게든 둘 사이에서 어떤 게 더 맞는 것인지 판단할 수 있어야 하겠죠. 그런데 이런 사람이 한두 명이 아닐 겁니다. "인간은 만물의 척도다"라는 말처럼, 모두가 제 나름대로의 기준을 가지고 있으니까 다들 자기 기준에 맞춰서 말하겠죠. 이런 사람들이 우글우글거리는 겁니다. 한 마디로 세상이 시끄러운 잡음으로 난장판이 되어버린 것이죠. 물론, 이건 플라톤의 생각일 뿐입니다. 그런 다양성의 세상을 난장판으로 봐야 하는지 어떤지는, 개인적인 판단의 문제입니다.

아무튼 그래서 플라톤은 이런 난장판을 정리하고 싶었던 모양입니다. 즉 '정답'을 만들고 싶었던 거죠. 정답이라는 것은 쉽게 말해 '기준'입니다. 이게 맞다, 혹은 이건 틀리다고 말하기 위해서는 기준이 있어야 하는 것이죠. 기준 안에 들어오는 것은 맞는 것이고, 기준 밖에 있는 건 틀린 것이 되는 겁니다.

그런데 플라톤은 그냥 사람들의 기준만 세운다고 이게 해결될 거라고 보지 않았습니다. 세상의 모든 것을 판단할 수 있는, 즉 선별할 수 있는 기준이 필요했죠. 앞서 말했던, 시간에 상관없이 절대적으로 영원하고, 지역이나 공간을 초월하여 모든 것에 적용되는 보편적 기준을 세우려고 했습니다. 세상의 모든 것을 판단해줄 기준, 바로 이데아(Idea)라고 불리는 것을 만들어낸 것입니다.

플라톤의 책들은 대부분 이런 이데아를 찾아가는 과정입니다. '진짜' 경건함이란 뭔지, '진짜' 아름다움이란 뭔지, 그래서 결국 '진짜' 사람이라는 건 도대체 뭔지를 찾아가는 과정이 그의 책들이죠.

이런 과정을 잘 보여주는 플라톤의 저작 중 하나가 바로 《에우티프론》입니다. 플라톤이 썼던 거의 모든 책의 주인공은 그의 스승인 소크라테스인데 《에우티프론》역시 마찬가지입니다. 《에우티프론》은 소크라테스가 신에 대해 불경한 짓을 저질렀다는 죄목과 젊은이들을 타락시켰다는 죄목으로 법정으로 가는 도중에 에우티프론을 만나는 것으로 시작되는 이야기입니다. 에우티프론은 고소를 당한 소크라테스와 다르게 자신의 아버지를 살인죄로 법정에 고발하러 가는 중이었죠.

아버지가 아무리 큰 죄를 저질렀어도 보통 사람들 같으면 아버지를 고발하려 하지 않겠지만, 대쪽 같은 우리 에우티프론 선생은 가차 없는 인간이었습니다. 그는 자신이 보기에는 아버지가 명백히 잘못을 했기 때문에 기꺼이! 당연하게! 고발해야 한다고 생각했습니다. 그것이 '경건한' 일이라고 생각했기 때문이죠.

그런 와중에 소크라테스를 만난 겁니다. 신에 대해 '불경한 짓'을 저질렀기 때문에 고소를 당한 소크라테스는 마침 잘 됐다며 에우티프론에게 도대체 그 '경건함'이 뭔지 말해달라고 떼를 씁니다. 떼를 쓴다는 표현이 아마 딱 적당할 겁니다. 지금에야 우리가 소크라테스를 4대 성인으로 여기며 그가 인격적으로 엄청나게 뛰어나고, 예의 바르며 고상한 사람으로 생각하기 쉽지만, 여러분이 아마 실제 소크라테스를 만나게 된다면 생각이 많이 달라질 겁니다. 소크라테스는 싫다는 사람을 끝까지 물고 늘어져서 말싸움을 하는 사람이었거든요. 오지랖이 넓달까요?

에우티프론에게도 마찬가지였습니다. 아버지를 고소하러 가는 에우티프론을 만난 소크라테스는 그를 붙잡고 꼬치꼬치 캐물었습니다. 어째서 자신의 아버지를 고발하려는 것인지, 그게 맞는 일인지, 맞다면 '맞음'이란 무엇인지, 특히 '경건함'이란 무엇인지 등등 끈질기게 말을 겁니다.

그러니까…… 소크라테스는 "진짜 그것은 무엇인가?(ti esti)"에 대해 끈질기게 물고 늘어진 것입니다.

예를 들자면 이런 것이죠.

에우티프론은 살인이나 절도 행위 등과 같은 옳지 못한

짓을 저지르는 사람은, 그가 부모이건 형제이건 또는 그 밖의 누구이건, 고소하는 것이 '경건한 것(to hosion)'이며, 그렇지 않은 것은 '경건하지 못한 것(to anosion)'이라고 대답합니다. 그렇기 때문에 (실수지만) 노예를 죽인 아버지를 고소하는 것이 옳다고 말하죠.

하지만 소크라테스는 에우티프론에게 "그럼 '경건한 것'이 아니라 '경건함'이라는 건 도대체 뭐냐?"라고 묻습니다. 그게 무엇인지 알아야 소크라테스 자신도 불경죄로 고발당한 것에 대해 변론을 할 수 있다며 말이죠. 그러자 에우티프론은 경건함이란 신에게 봉사하는 것이라고 대답합니다. 하지만, 소크라테스는 다시 말하죠. 그건 '경건함'이 아니라 '경건한 어떤 것'이라고 말이죠. 에우티프론이 말하는 것들은 '경건함'에 대한 하나의 사례일 뿐 경건함의 본질(eidos) 그 자체는 아니라는 말입니다. 예컨대 "아름다움이란 무엇인가?"라는 물음에 "김태희"라고 대답하는 것과 같다고 소크라테스는 에우티프론을 다그칩니다. 김태희는 아름다움이 아니라 아름다운 사람 중 한 명일 뿐이라는 것이죠.

그러면서 자신은 '경건한 어떤 것'이나 '경건하지 않은 어떤 것'을 알고 싶은 게 아니라 그것들을 경건할 수 있게 만드는 '한 가지 기준(mia idea)'에 대한 대답을 듣고 싶다고 말합니다. 플라톤의 책을 읽다 보면 아시겠지만, 소크라테스의 이런 대화법은 사람을 엄청나게 짜증 나게 만드는 대화법이기도 합니다. 아무리 봐도 소크라테스는 이미 답을 알고 있으면서 모르는 척하는 것처럼 보이거든요.

아무튼 소크라테스가 그렇게 반박하자 에우티프론은 다시 대답합니다. '신에게 사랑을 받는 것'이 경건함이며, 그렇지 않은 것이 불경함이라고요. (물론, 여기까지 이르는 과정에서도 이러쿵저러쿵 계속 비슷한 식으로 이야기를 주고받습니다.) 하지만 이에 대해 소크라테스는 같은 행동을 하더라도 어떤 것은 신에게 사랑을 받고, 어떤 것은 사랑을 받지 못한다고 반박하며, 심지어 그런 것들로 인해 "*신들이 서로 다투며 의견이 맞지 않아서, 적대감까지 생긴다*"(7b)[1]고 말합니다. 쉽

---

1. 스테파누스 넘버(Stephanus numbers): 우리나라에도 언제부턴가 플라톤의 저작들이 많이 번역되어 나오고 있는데, 간혹 플라톤 원전을 그대로 번역하지 않고, 영어본이나 일어본을 중역, 의역하면서 원전을 많이 손상시킨 것들이 많다. 하지만 제대로 된 번역본을 보면 본문의 여백에 알파벳과 숫자가 쓰여 있는 것을 볼 수 있다. 이것의 정확한 명칭은 스테파누스 넘버(Stephanus numbers)로써, 기본적으로 플라톤의 저작을 번역할 경우에는 이것을 같이 표기하는 것을 원칙으로 한다. 이는 플라톤의 저작들이 지금 우리가 보는 형태로 오기까지의 역사 때문이다. 플라톤 사후, 여러 가지 역사적 사건들로 인해 산산이 흩어진 플라톤의 책들을 16세기경, 헨리쿠스 스테파누스(Henricus Stephanus, 1528 혹은 1531~1598)라는 문헌학자가 차곡차곡 모아 정리하는데, 이때 각 페이지를 다섯 칸으로 나누어 정리하였기 때문에 페이지를 나타내는 숫자와 칸을 나타내는 알파벳으로 구성되어 있다. 예를 들어 '24c'라고 표기되어 있는 것은 스테파누스 판본에서 24페이지 세 번째 칸이라는 것을 의미한다. 이때 이후로 모든 플라톤 저작은 스테파누스의 판본을 기준으로 번역하고, 인용하는 것을 원칙으로 한다.

게 말해, 신에게 사랑받는 것도 '항상 모든' 신에게 사랑을 받는 것은 아니라는 말이죠. 그러면서 빨리 자기에게 그 '경건함'이라는 게 뭔지 가르쳐 달라고 합니다. 그래야 자신을 고소한 사람들에게 자기는 신에 대해 불경죄를 저지르지 않았다고 설득할 수 있을 거라며 말이죠.

이후로도 소크라테스는 에우티프론의 말을 계속 반박하며 그에게 계속 그것의 본질은 말해주지 않고, 그것과 관련된 어떤 속성, 즉 상태(pathos)들만 말해 준다고 줄기차게 에우티프론을 괴롭힙니다. 이렇게 다그쳐대니 에우티프론도 견딜 도리가 없었겠죠. 결국 그는 두 손 들게 됩니다. 요즘 같았으면 아마 인터넷 댓글 싸움쯤 되는 광경일지도 모르겠습니다. 에우티프론은 결국 정신승리를 외치고 달아나죠.

성격파탄자의 딴지처럼 보일 수도 있는 소크라테스의 목적은 명백합니다.

"그것은 무엇인가?(ti esti)"라는 본질적인 어떤 것에 대한 정의(定義, definition)내리기 였죠.

소크라테스와 그의 제자인 플라톤이 한 일이란, 이렇게 정의를 내림으로써 '이것의 본질은 이러저러한 것이고, 저것의 본질은 저러한 것이다'라는 기준을 세운 것입니다.

본질과 정의가 무슨 상관이냐고요? 본질이란 정의 내리기의 다른 이름일 뿐입니다. 예컨대 "인간: 생각하는 동물"이라는 정의 안에는 '인간의 본질은 생각하며 사는 동물'이라는 의미가 이미 들어있죠. 생각하지 않는 인간은 인간이 아니라 동물이라는 말입니다.

소크라테스와 플라톤이 '경건함'에 대해서만 정의를 내렸느냐? 당연히 아닙니다. 그들은 세상에 있는 많은 것에 대해 정의를 내립니다. 아름다움이란 무엇인지, 선이란 무엇인지, 악이란 무엇인지, 진리란 무엇인지, 그럼으로써 사람은 어떻게 살아야 하는지까지 정의를 내립니다. 사람뿐만이 아니죠. 이것저것 아무튼 생각할 수 있는 모든 것을 다 했습니다. 물론, 하나하나 소크라테스가 정의를 내린 건 아니고, 정의 내리는 방법 자체를 만든 것이었죠.

그러다 보니 플라톤 이후 모든 것들은 어떤 '정답'을 갖게 된 것이죠. 그게 가끔은 '이데아'라는 이름이기도 했고, 가끔은 '신'이기도 했고, 가끔은 '이성'이기도 했습니다. 이름이야 어쨌든 하나의 절대적 기준이 생긴 것입니다. 그리고 우리 모두는 그것에 의해 나란히나란히, 줄 맞춰 서야 했고, 그 기준이 이데아든 신이든 간에 그것에 가까우면 가까울수록 좋은 것이 됐습니다. 당연하게! 멀면 멀수록 나쁜 것이 되었죠.

그 절대적 기준이란 게 어떤 시기에는 '이성'이 되었다가, 또 다른 시기에는 '신'이 되기도 했고, 요즘에는 아마

'돈'인 것 같지만, 중요한 것은 무언가 있다는 사실입니다.

삶의 모범 답안이 있는 것이죠.

그리고 그것과 비슷(mimesis)[2]하면 비슷할수록 '좋은 인간', '인간다운 인간'이 된다고 생각하며 사는 겁니다. 만화에서도 그렸던 것처럼, '좋은 결혼 상대'라는 이상적 기준이 있으며, 그것에 가까워질수록 좋은 인간이라고 생각하는 것이죠. 가장 독(dog)한 기준에 따라 개들의 등급이 나뉘지거나, '지방'의 함량에 따라 1등급이 되거나 2등급이 되는 소고기처럼 말입니다.

그런데 우리는 정작 그 기준을 누가 세웠는가에 대한 고민은 그다지 해본 적이 없습니다. '좋은 결혼 상대'의 기준은 결국 나의 삶과는 전혀 상관없는 결혼정보회사가 세운 것이고, '독(dog)한 dog'의 기준이나 '마블링'이라는 기준은 당사자인 개나 소가 아니라, 생뚱맞게도 인간의, 인간에

---

2. 플라톤 철학 전체를 미메시스(mimesis)의 철학으로 규정해도 될 정도로 이데아론에서 가장 핵심적인 개념 중 하나가 미메시스, 즉 모방이다. 플라톤은 이 관계를 '관여(methexis)'라는 개념으로 논하기도 하는데, 가장 기본적인 생각은 현실에 존재하는 것들은 이데아를 모방하고 있다는 점이다. 이런 생각은 특히 《티마이오스》에서 전개되는 우주창조설(宇宙創造說)에 의해 뒷받침된다. 말은 말의 이데아를 모방하고 탁자는 탁자의 이데아를 모방하고, 건물은 설계도를 모방하여 만들어진다.

의한, 인간을 위한 기준일 뿐이죠.

아이러니하게도 우리는 우리의 정답을 세워 본 적이 없습니다. 마치 시험을 보는 것처럼 몇 살에는 대학을 가야 하고, 몇 살에는 결혼을 해야 한다는 기준에 따라 답안지를 채워갈 뿐입니다. 그것을 누가 정했는지, 그리고 그것을 꼭 따라야 하는지에 관해서는 그다지 관심이 없고, 단지 그 기준에 맞는지 안 맞는지에만 관심이 있을 뿐입니다. 그리곤 그 달성량에 따라 너는 3등급이니 3등급짜리 인생을 살아야 한다고 빨갛게 낙인이 찍히고, 또한 누군가를 낙인찍으며 살아갑니다. 도장이 찍히는 소처럼 말이죠.

인문학이란 결국, 플라톤의 이데아가 어쩌고저쩌고, 니체의 신은 죽었다가 어쩌고저쩌고를 아는 것이 아닙니다. 그것은 그저 부수적인 지식일 뿐이죠. 구글신에게 검색하면 다 나오는 겁니다. 스스로 내 삶의 기준이나 정답을 찾아 나만의 고유한 삶을 사는 것이야말로 인문학을 '하는' 것이죠. 소크라테스가 꼬치꼬치 따지며 스스로 기준을 세웠던 것처럼, 우리도 우리의 삶의 기준을 스스로 찾아야 하는 것입니다.

그러니까……
소크라테스를 읽었으면, 소크라테스주의자가 되는 것이

아니라, 소크라테스가 되어야 하는 것이죠.

 우리가 흔히 알고 있는 개다움이 사실은 '인간이 원한' 개다움이라는 것을 알고, 인간다움이 사실은 내가 아니라 다른 '누군가가 원한' 인간다움임을 아는 것이죠. 그럼으로써 〈혹성탈출: 진화의 시작〉에서 "No!"라고 울부짖었던 시저처럼, 그것을 거부해야 하는 것입니다.

 "나는 13등급쯤 되겠지?", "아니야, 그래도 12등급쯤 되지 않을까?"라며 참담하게 한 등급 올리기 위해 발버둥 치는 것이 아니라, 그것 자체의 기준에 대해 다시 생각해 보는 것이 인문학을 '하는' 것입니다.

 인문학이 學이라고 되어있기 때문에 지식을 습득하는 것처럼 생각되기 쉽지만, 사실, 인문학은 배우는 것이 아니라 '하는' 것이죠.

 그렇게 '사는' 겁니다.

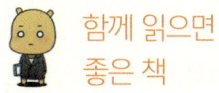
함께 읽으면
좋은 책

《에우티프론》,《소크라테스의 변론》,《크리톤》, 《파이돈》,《국가/정체》

대부분의 철학자들은 시기나 장소에 따라 그 사상을 분류하는데, 플라톤도 마찬가지입니다. 플라톤의 저작은 일반적으로 40세 이전까지의 시기를 초기, 그 이후부터 아카데미아를 세우기까지인 60세 무렵을 중기, 그리고 시라쿠사이에서 돌아와 80세로 사망하기까지의 시기를 후기로 나누어 구분합니다.

초기의 저작에는 《에우티프론》,《소크라테스의 변론》,《크리톤》, 《카르미데스》,《라케스》,《小히피아스》,《프로타고라스》,《고르기아스》,《大히피아스》,《알키비아데스》등이 있고, 중기 저작에는 《파이돈》,《향연》,《메논》,《크리틸로스》,《국가/정체》,《파이드로스》,《파르메니데스》등이 있으며, 후기 저작에는 《티마이오스》,《크리티아스》,《소피스테스》,《정치가》,《필레보스》,《법률》등이 있습니다.

플라톤의 책은 기본적으로 각주(75쪽)에서 언급한 것처럼, 스테파누스 판본을 원본으로 하며, 그것을 기준으로 번역합니다. 국내에서는 서광사의 박종현 교수가 번역한 번역본이 가장 원전에 충실하죠. 그렇다고 꼭 그 책만 읽어야 하는 것은 아닙니다. 지금 젊은 사람들이 읽기에는 말투나 뭐 그런 게 조금 어색합니다. 옛날 방식이죠. 대안이라면,

이제이북스에서 정암학당과 같이 번역 중인 플라톤 전집이 있습니다. 정암학당의 플라톤 번역은 원전에 충실하면서도 박종현 교수의 번역본에 비해 비교적 현대적 언어로 교정되어 읽기가 좀 더 수월합니다.

그런데 보다시피 플라톤의 저작은 워낙 방대하여 그 모든 책을 읽는 것은 전공자가 아닌 이상 무리가 따릅니다. 굳이 그것들을 꼭 다 읽어야 하는 것도 아니고요. 그러므로 플라톤의 저작을 읽고자 한다면 우선 소크라테스가 사형을 당하게 되는 과정을 묘사한 대화편인 《에우티프론》, 《소크라테스의 변론》, 《크리톤》, 《파이돈》과 《국가/정체》 정도를 읽는 것만으로도 아마 충분할 것 같습니다.

《에우티프론》에서는 고발을 당한 소크라테스가 법정으로 가는 길에 에우티프론을 만나 '경건함'에 대하여 논의하는 내용이고, 《소크라테스의 변론》은 법정에서 소크라테스가 웅변하는 법정 변론입니다. 그리고 《크리톤》은 사형을 언도받은 소크라테스가 자신에게 탈옥을 종용하는 친구인 크리톤에게 어째서 자신이 탈옥하지 않는지에 대하여 대화를 나누는 장면이고, 마지막 《파이돈》은 소크라테스가 독배를 마시기 직전에 자신을 찾아온 제자와 친구들과 나누는 이야기이죠. 이 네 편의 대화편은 보통 '플라톤의 네 대화편'으로 엮여 같이 나오는 경우가 많습니다. 서광사에서도 그렇게 한 권으로 묶여 출판되었죠. 그러니 부담 없이(?) 읽을 수 있을 겁니다.

서양철학사에서 항상 가장 중요한 책으로 꼽히는 《국가/정체》는 제목과는 다르게 국가와 직접 관련이 된 것이 아니라 한 개인이 정의

롭다는 것이 어떤 것인지를 밝혀가는 과정을 다룬 것입니다. 그리고 나서야 비로소 개인의 관점에서 공동체로 확장되며 자연스럽게 국가에 대한 논의로 이어지죠. 그래서 이 책은 '국가'라는 제목과 함께 '정의에 관하여'라는 부제가 붙어 오늘날까지 통용되고 있습니다. 그러므로 《국가/정체》는 '정의'에 관점을 두고 있느냐, '정치철학'에 관점을 두고 읽느냐에 따라 해석의 경향이 달라지기도 하죠. 또한 《국가/정체》에는 그 유명한 동굴의 우화로 이데아에 대한 논의를 진행하기도 합니다.

《국가/정체》는 서양철학사에서 가장 유명하고 가장 중요한 책이지만, 성독한 사람은 의외로 많지 않은, 저주받은 책이기도 합니다. 여러 가지 이유가 있겠지만, 우선 그 압도적인 분량 때문이죠. (서광사에서 출판된 책은 무려! 738페이지에 달합니다!) 그래서 부담이 많이 되는 책이지만, 그래도 꼭 한 번쯤은 읽어볼 가치가 있는 책입니다. 화이트헤드라는 사람이 "모든 서양철학사는 플라톤의 각주에 불과하다"라고 말했을 정도로, 플라톤 자체가 중요한 철학자인데, 그런 플라톤의 책 중 가장 중요한 책이니까요.

02

차별의
한 역사

내가
사는
세상

한 호랑이 이야기

하나

나의 살던 고향은...

눈이 많이 오는
곳이었습니다.

차가우면서도 포근한...
그런 곳이었죠.

하지만 내가 내 의지로
이곳에 온 것은
아닙니다.

어떤 대머리 아저씨가
'선물'로 이곳에 보낸
것이었죠.
물론... 선물이 무엇을
말하는지는 잘 모르겠지
만요.

그렇다고 꼭 나쁜 것만은
아니었어요.
어색하지만 여자친구도
생겼으니까요.

물론...

여기 올 때처럼
여자 친구를 선택할 수
있는 선택권은 없었지만
말이죠.

그래도 뭐... 조금 쌀쌀
맞고 무뚝뚝하긴 했지만,
나름 귀여운 구석도 있는
녀석입니다.

89

요렇게 건강한 새끼들도
낳아 주었으니까 말이죠.

아, 그러고 보니 저도
이름이 생겼어요.

의미는 알 수 없지만...
로스토프라는 이름이
말이죠.

뭐... 우리에겐 그다지
필요 없는 이름이었지만
말이에요.

여기엔 나하고 쟤네들뿐
인데 무슨 이름이 필요
하겠어요.

그래서 우리는 이름을
가지게 되었지만
단 한 번도 쓰지
않았답니다.

사람들은 그 이름으로
나를 불렀지만...

거기에 일일이 다 대답해
주었다간 목디스크라도
걸릴 지경입니다.

그리고...
아이들이 태어나자
나는 TV에도 많이 출연
했답니다.

아주 많은 사람들이 나를
알게 되었고, 지난달에는
'이달의 동물'이라는 것도
되었습니다.

하지만...
그것 역시도 내 의지와는
상관없는 일이었죠.

사실 나는 '이달의 동물'
이 뭔지도 몰랐거든요.
그냥 언젠가 일어나 보니
그게 되어 있었어요.

그리고 또 사람들이
몰려왔죠.

우리는 다만...
그저 그게 귀찮을
뿐이에요.

사람들은 어째서인지
내가 먹지도 못할 것을
던져줬고...

게다가 아이들도
자주 빼앗아 갔거든요.

그럴 때마다...

예전 제 모습이 떠올라
조금 슬펐습니다.

아이들은 곧 다시 돌아
왔지만, 탄자도 걱정이
됩니다.

아이들을 뺏겼던 것 때문
에 스트레스를 많이 받았
거든요.

그리고 어째서인지
우리는 더욱 좁은 집으로
옮겨졌어요.

그런데 이 집은 우리.
다섯 가족이 살기에는
너무 좁습니다.

게다가 여우 녀석들의
냄새도 나요.

그리고...

사람들은
너무 시끄러워요.

나가고...
싶어요.

그리고 기회가 왔어요...

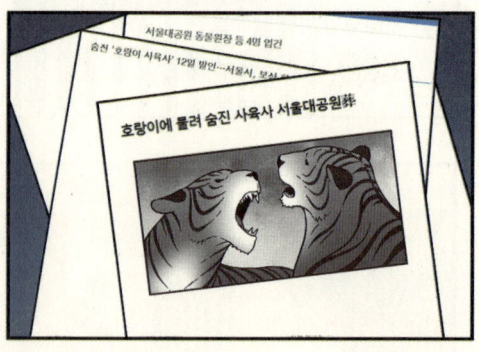

내가
사는
세상

동물원

둘

그럴싸한 동물원이 없는
곳에서 자란 내가...

제대로 된 동물원에
처음 갔던 것은...

서울에 올라오고 나서도
한참 후의 일이니까...
남들보다 꽤 늦은 나이
였다.

101

그런데...
처음 간 동물원에서 가장
먼저 느낀 것은...

어떤 불편함과
괴리감이었다.

동물원이 이렇게
된 데에는 슬픈 역사가
있다.

"나는 생각한다
고로 존재한다"라는
말로 유명한 데카르트는,
동물에 대해서도 많은
말을 했는데...

나는 생각한다.
고로 존재한다.
(Cōgitō ergo sum)

르네 데카르트
(1596. 3. 31 ~ 1650. 2. 11)

동물은 움직이는
기계다.

야옹 ♪

야옹 ♪

"동물은 움직이는
기계다"라는 말도
그중 하나이다.

하지만...

너무나 당연한 소리지만,
동물에게도 감정과 영혼이
존재한다.

다음 이야기는
그런 동물들에 관한,
그리고 우리에 관한
이야기이다.

내가
사는
세상

구경거리

셋

20세기 초

특별한 영상 매체가
없었던 시절...

가장 볼만한 구경거리는
기상천외한 서커스나
동물원에 포획된
맹수 같은 것들이었다.

하지만...

그렇게 동물원에 잡혀 온
고릴라들은 대부분...
며칠만에 죽어버렸다.

이렇게 고릴라가 며칠
만에 죽어버리는 현상을
유심히 관찰하던 동물학자
소콜로프스키는...

자신의 책 《유인원의
정신에 대한 관찰》(1908)
이라는 책을 통해 모종의
결론을 내린다.

고릴라들은 동물원에 갇힌 '정신적' 고통을 견디지 못하고, 슬픔과 우울 끝에 결국 죽는다는 것이었다.

"그리고 이런 고릴라들은
며칠 만에 곧 죽어
버렸다."

"땅에 얼굴을 처박은
자세로."

이러니까 마치,
소콜로프스키가...
동물을 움직이는 기계가
아닌 영혼을 가진
생명체로 생각해서
포획을 그만둬야 한다고
말했을 것 같지만...

그가 그 정도로
순진하지는 않았다.
소콜로프스키는
오히려...

...라고 말했다.

물론, 어렸을 때부터
갇힌 생활에
익숙해진다면,

스트레스 때문에 죽을
가능성은 확실히 줄어들
겠지만...

어떤 것에도 관심이 없고,
거의 움직이려 하지도
않던 동물원의 그
무기력한 동물들처럼...

서서히 생명력을 잃어
갈 것이다.

자살하는 방법조차
모르는 동물들은,
그마저도 못하고 서서히
죽어가는 것이다.

우리는 어떻게든 그들을
움직이고 반응하게 해보
려고 먹이를 던져주거나
관리자의 눈을 피해
막대기로 찔러 보기도
하겠지만...

그들에게는 그것조차
힘겨운 것일지도 모른다.
로스토프와 그 아이들
처럼...

내가
사는
세상

프릭쇼

넷

인간이라면 어떨까?

동물원 광고와 비슷한
광고가 그 보다 100여 년
전에도 있었다.

호텐토트의 비너스가 몇 주 뒤
이 거대도시 런던을 떠납니다.
....그녀의 외형과 몸매는
유럽에서 본 그 누구보다도
특이합니다. 아니 어쩌면 지구
상에서 최고일지도 모릅니다.
....호텐토트의 비너스 사르키가
떠난 후에 후회하지 마세요!

<모닝포스트> 1811년4월30일자 광고

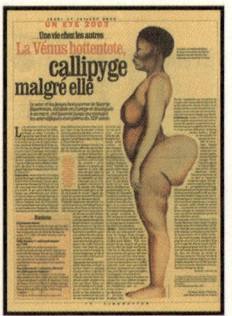

그런데 이건...

동물이 아닌 인간을
전시했던 홍보 기사였다.

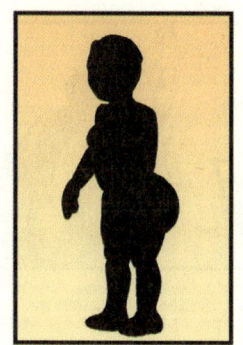

여기... 1789년에 태어나
1815년에 죽었지만,
2002년에야 땅에 묻힌
한 여성이 있다.

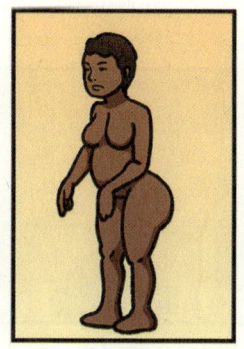

한 명의 인간임에도
불구하고, '전시물'이
되어버린 여자.

사르키 바트만이다.

그녀는...

살아서는 우스꽝스러운
모습으로 런던과 파리의
유흥가에서 전시되어
구경거리가 되기도
했고...

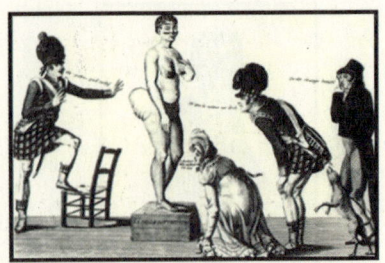

※여기에는 조르주 퀴비에 (Georges Cuvier)와
앙리 드 블랭빌(Henri de Blainville) 같은
"저명한" 비교해부학자와 동물학자들이 주축을 이루고있었다.

심지어는 '과학 연구'
라는 목적으로...
"유럽을 통틀어 가장
훌륭한 기관이자 생명과학
연구의 본산"이라는...
파리 자연사박물관
위원회 앞에서 벌거벗겨진
채로 실험용 재료가
되기도 했다.

그리고 결국 죽어서는...
무려 187년 동안 파리의
인류학 박물관(Musee
de I'Homme)에 전시
되어야 하는
인간 박제가 되었다.
왜? 단지, 신기하다는
이유만으로. 단지,
다르다는 이유만으로...

그런데 이렇게 "전시"된
사람은 그녀뿐만이 아니
었다.
사람과 오랑우탄의
혼혈이라고 소개되며
끌려다녔던 멕시코의
줄리아 파스트라나(Julia
Pastrana)나...

'진화가 덜 된'
사람이라는 피그미족의
오타 벵가(Ota Benga)와
조이스 히스(Joice Heth)
등 수많은 사람들이...

프릭 쇼(freak show)
라는 이름으로
구경거리가 되었다.

이들 모두가
블랙 비너스였다.

그런데 이게 사실은
전혀 먼 나라 이야기가
아니다.

1907년.

일본은 메이지 천황
제위 40주년을 기념하기
위해 동경권업박람회를
개최한다.

가까운 과거... 일본의 박람회에서도 조선인이 전시되었었다는 것을 안다면 블랙 비너스가 그저 남의 일만은 아니었다는 것도 알게 된다.

그런데... 전시관의 인간들은 그 안에서 어떻게 행동할까? 구경꾼이 보고 있는 그곳에서 원래 자신의 모습대로 행동할 수 있을까?

아무리 생각해 봐도
동물원에 갇힌 동물들의
그 무기력과 무관심
외에 다른 모습을 상상할
수 없다.
이렇게 갇혀있는 인간들을
원래의 인간이라고 할 수
있을까?

구경거리라는 전시의
목적에 충실히 하는 한,
그들은 인간으로서
우리와 관계하는 것이
아니다. 그들이 구경
와서 말을 거는
인간에게 인간으로서
반응하고 행동하기 시작
한다면...

그들이 거기 계속 사는
것도, 계속 전시하는 것도
불가능하게 될 것이다.
그렇게 되면...
전시가 불가능한 동물은
사살되어야 하는
것처럼...

호랑이로써 살려고 했던
호랑이, 로스토프에게
우리가 그러려고 했던 것
처럼 조선인들도 아마
그렇게 되었을 것이다.

우리가 동물들을 동물원에
가두는 순간 그들에게
우리가 요구했던 것은
바로 그런 것일지도
모른다.

그렇게 죽어가게 하는 것 말이다.

호랑이를 호랑이로 살지
못하게 하는 것.

죽은 지 187년 만에 고향 땅을 다시 밟은
사르키 바트만을 맞이하며
넬슨 만델라 대통령은 이렇게 말했다.

"용서는 한다. 그러나 잊지는 않겠다."

내가 하는 인문학
프릭쇼

동거

가락시장에서 분양받아왔다고, 이름을 '가락'이라고 지었지만, 돼랑이라고 불렸던 고양이를 키웠던 적이 있습니다. 흔히 젖소고양이라고 불리는 맹크스(manx)종이었죠. 비만이 아닌가 싶을 정도로 뚱뚱했던 가락이는 유학을 가게 된 지인의 부탁으로 잠시 맡아 길렀던 건데, 사실 키웠다고 말하기 힘들 정도로 짧은 시간 밖에 같이 하지 못했습니다. 이러면 마치 슬픈 이별을 겪은 사이처럼 보이지만, 사실 전혀 그런 건 아니었고요, 그저 저보다 더 잘 돌봐줄 사람에게로 갔을 뿐입니다.

그런데 짧은 시간임에도 처음으로 다른 생명체와 같이했던 한 달 남짓은 제게 꽤 많은 생각거리를 주었던 시간이었습니다. 그 시간 동안 제가 내린 가장 확실한 결론은, 우선 저는 아직 반려동물을 기를 준비가 전혀! 되어 있지 않다는 점이었죠.

결코, 볼일을 보고 닦지도 않은 엉덩이를 들이밀며 이

불 안으로 들어온다거나(어째서인지는 모르겠지만 가락이는 절대 혼자서 자지 않더군요), 집안의 온 벽지에 자신의 흔적을 남겨 놓는다거나(도대체 왜 손수 만들어 준 발톱갈이를 안 쓰는 걸까요?), 설사할 때마다 방바닥에 발자국을 찍어 놓는다거나(고양이가 깨끗한 동물이라는 말은 최소한 가락이에게만은 예외였습니다) 하는 문제 때문은 아니었습니다. 그런 것들이야 뭐 그저 제가 조금 더 수고스러우면 되는 일이었죠.

하지만, 집을 비우는 시간이 많아 가락이를 혼자 둬야 하는 것은 아무리 생각해 보아도 못할 짓이었습니다. 처음에는 고양이가 외로움을 안 타는 동물이라고 해서 그다지 걱정을 하지 않았었지만, 그건 그저 경기도 오산쯤 되었습니다. 가락이는 온몸으로 외로움을 드러냈죠. 그래서 결국 저보다 더 잘 보살펴줄 사람을 거쳐 다시 원래의 주인에게로 가기는 했지만, 지금도 그때를 생각하면 여러 가지 생각이랄까, 낯선 마주침이 많았다고 기억합니다.

이방인이 들어온다는 것은 그런 것이 아닐까 싶네요. 낯선 마주침과의 만남이고, 그 마주침은 우리를 새로운 영역으로 이끕니다.

가락이와의 만남도 그랬죠. 가락이 덕분에 저는 '동물'이라는 것이 무엇인지, 그리고 '동물권'이라는 것이 무엇인지, 더 나아가 '타자'라는 것이 무엇인지에 대해 고민해 볼 수 있는 시간을 갖게 되었죠.

그래서 간혹 동물보호운동에 관련된 행사에 참여하기도 했었는데, 그럴 때면 이런 질문을 받기도 합니다.

"어떤 반려동물을 기르세요?"

그것이 '동물'로 표현되든, '가족'으로 표현되든, 아니면 다른 무엇으로 표현되든, 어쨌든 그 질문의 요지는 하나였죠. 나와 함께 생활하는 반려동물이 무엇이냐는 것입니다. 가락이와 같이 생활했었을 때는 뭐라고 할 말이 있었지만, 지금의 저는 반려견을 기르는 애견인도, 고양이를 모시는 집사도 아니게 되었죠. 그렇다고 이구아나나 타란튤라, 고슴도치 같은 희귀 반려동물을 기르는 것도 아닙니다.

이유는 앞서 말한 것과 같은 맥락 때문입니다. 아직 다른 생명체와 함께할만한 준비가 되어있지 않기 때문이죠. 조금 더 인간적으로 말한다면, 저는 아직 그들을 책임질 준비가 되어있지 않고, 그것은 아마 앞으로도 계속 그럴 것이라고 생각하기 때문입니다. 그럼에도 제가 동물과 그들의 권리에 대해 이렇게 책까지 내가며 말하려 하는 이유는 동물권은 애견과 전혀 별개의 문제일 뿐만 아니라 그것이 인간에게, 즉 우리 자신의 인권에도 밀접한 관련이 있는 사안이라고 생각하기 때문입니다.

인간이 동물과 관계해온 역사는, 인간이 인간과 관계해온 역사와 그다지 다르지 않습니다. 길고 긴 차별의 한 역사이죠.

차별의 한 역사: 두 개의 뿌리

이 책의 처음에도 간략하게 설명을 했고, 후반부에도 다시 설명하겠지만, 세계에 대한 우리의 이해, 즉 시각은 우리 삶의 방향을 결정합니다. 같은 맥락으로, 동물에 대한 우리의 시각은 동물에 대한 우리의 태도를 결정합니다. 개를 식용으로 보는지 가족으로 보는지에 따라 우리는 동물보호운동가가 될 수도 있고, 복날이면 영양탕집을 찾는 사람이 될 수도 있는 것이죠. 즉 그 개에 대한 우리의 이해가 그 개에 대한 태도를 결정하는 것이죠.

우리가 동물을 보는 시각이 어떻게 형성되었는가를 알기 위해서는, 역시 그 뿌리를 거슬러 올라가 보아야 합니다. 이러한 시각은 크게 두 가지 전통에 뿌리를 두고 있습니다. 하나는 바로 《구약》에 근간을 둔 헤브라이즘(Hebraism)이고, 다른 하나는 고대 그리스의 플라톤에서 태동하여 아리스토텔레스를 거쳐 발전하는 헬레니즘(Hellenism)적 사고 체계이죠. 그리고 이러한 두 갈래의 뿌리는 기독교에서 통합되고, 다시 르네상스를 거쳐 근대 데카르트 철학에 의해 합리화됩니다.

   그럼 이러한 역사를 이해하기 위해서는 헤브라이뭐시기가 뭔지, 그리고 헬레뭐시기가 뭔지를 알아야 합니다. 우선, 헤브라이즘은 당연한 소리겠지만, '헤브라이+이즘'입니다. 헤브라이 사람들의 사고 체계라는 말이죠. 그럼 헤브라이 사람이라는 게 어떤 사람들을 뜻하는지 알아야겠죠? 헤브라이인은 보통 《구약》 성경을 중심으로 형성된 고대 이스라엘 사람들과 그들의 후손을 뜻합니다. 쉽게 말해 우리가 흔히 유대인이라고 알고 있는 민족의 뿌리가 된 사람들이죠.

   "헤브라이"는 '건너온 사람들'이라는 의미를 가진 고대 헤브라이어 "이브리(ibri)"라는 말에서 유래한 이름입니다. 그런데 이 "이브리"라는 말이 사실은 다른 지역 사람들이 유대인들을 용병이나 하층민, 노예, 떠돌이 등으로 보며 낮춰 부르는 말이었죠. 그러다가 한참 후대에 이르러서야 《구약》의 〈요나서〉에서처럼, 이스라엘인의 의미로 사용되고, 유대교 시대에는 유대인의 영예로운 명칭이 되었습니다. 그럼 그들의 사상이나 문화들을 잘 알기 위해서는 무엇을 보면 될까요? 당연히 《구약》입니다.
   역사시대 이전의 모든 신화가 그렇듯이 《구약》 역시 헤브라이 인들이 세상을 바라보는 시각과 현실을 반영하고 있는 매우 훌륭한 사례이죠. 그러므로 《구약》을 들여다보

는 것은 헤브라이 인들의 생각의 뿌리를 들여다보는 것과
같습니다.

그런데 독자분들이 주의하여 읽어야 할 점은 제가 여기
에서 《구약》이나 《신약》이 진짜냐 가짜냐를 따지거나, 그
게 옳은가 그른가를 따지려 하는 것이 전혀 아니라는 점입
니다. 수천 년을 뜯고, 씹고, 맛보고, 즐겨 보아도 답이 나
오지 않는 것을 고작 제가! 여기에서 몇 페이지로 썰을 풀
수는 없죠. 그럴 능력도 안 되고, 그럴 자격도 안 됩니다.
제가 여기에서 다루어야 할 것은, 그리고 다루고자 하는
것은 그 텍스트들이 어떻게 그 문화권 사람들의 생각에 영
향을 미쳤는지, 그리고 어떻게 작용했고, 어떤 효과를 줬
는가 하는 점뿐입니다. 그러므로 쓰는 입장에서도 조심하
여야 하겠지만, 읽는 입장에서도 부디 이것을 종교적 논쟁
거리로 보지 않으시길 바랍니다.

그럼 이제 《구약》을 한 번 보도록 하겠습니다. 우리가
가장 먼저 봐야 할 것은 창세기입니다. 모든 책이 그러하
듯, 《구약》도 처음이 중요하거든요. 언제나 책의 첫 부분
에는 그 책 전체의 '의지'가 들어가 있는 법입니다.

하나님이 이르시되 우리의 형상을 따라 우리의 모양대
로 우리가 사람을 만들고 그들로 바다의 물고기와 하늘의
새와 가축과 온 땅과 땅에 기는 모든 것을 다스리게 하자

하시고

하나님이 자기 형상 곧 하나님의 형상대로 사람을 창조하시되 남자와 여자를 창조하시고 하나님이 그들에게 복을 주시며

하나님이 그들에게 이르시되 생육하고 번성하여 땅에 충만하라, 땅을 정복하라, 바다의 물고기와 하늘의 새와 땅에 움직이는 모든 생물을 다스리라 하시니라

(창 1:26~28)[1]

세상의 시작인 창세기에서부터 《구약》은 인간에게 특정한 위치를 부여합니다. 인간은 다른 생명체나 자연과는 다르게 "우리(신)의 형상을 따라 우리(신)의 모양대로" 만들어지죠. 신이 만든 세상의 주인은 당연히 신이겠죠. 그리고 그러한 세상 속에서 주인을 닮은 인간은 당연히 세상에서 가장 중요한 존재가 되는 겁니다. 그래서 '신의 형상대로 만들어진 인간'은 《구약》을 통해 "땅을 정복하"고, "바다의 물고기와 하늘의 새와 땅에 움직이는 모든 생물을 다스"릴 수 있는 특권을 부여받게 되는 것입니다. 그리고 인간에게 특별한 지위와 권한을 부여한 《구약》은 이러한 당위성을 명백하고도 친절하게 "다스리라"고 직접 말해줍니다.

---

1. 강준민, 리처드 포스터 외 엮음, 《레노바레 성경 개정 개역판》, 두란노, 2006년, 70쪽.

그럼 특권을 부여받은 인간은 어떻게 될까요? 인간이라는 종족의 특징이 원래 그런 건지는 모르겠지만, 자유와 특권을 부여받았으니 이제 지들 마음대로 하기 시작합니다. 타락하는 것이죠. 사람들은 보통, 모든 부분이 허락되면 바로 그 모든 부분에서 타락하게 마련입니다.

신의 입장에서 보자니 이것들이 기껏 권한을 줬더니 괘씸하게도 자기들 마음대로 하는 겁니다. 아무리 전지전능한 신이라도 열 받는 거죠. 말 안 듣는 놈이 있으면 어떻게 해야 합니까? 당연히 벌을 줘야 한다고, 신은 생각했던 모양입니다. 그리고 벌을 주는 방법으로 '물'이라는 것을 선택합니다. 물을 주는데 좀 많이 주죠. 온 세상이 물에 잠기게 됩니다. 홍수로 전 인류가 물에 빠져 죽을 위기에 처하는 것이죠. 그래도 자신이 만든 존재인 인간을 다 죽일 수는 없는 노릇이라 신은 사람 중 가장 착한 사람인 노아와 그의 가족들만은 살려줍니다. 그런데 이렇게 노아를 살려주면서 뭘 하는가 하면, 아이러니하게도 그들에게 더 많은 권한을 주는 겁니다. 바야흐로, 노아에 이르러 인간은 신에게 완전한 축복을 받게 되고, 자연의 끝판왕, 즉 최종 지배자가 되는 것입니다.

하나님이 노아와 그 아들들에게 복을 주시며 그들에게 이르시되 생육하고 번성하여 땅에 충만하라

땅의 모든 짐승과 공중의 모든 새와 땅에 기는 모든 것과 바다의 모든 물고기가 너희를 두려워하며 너희를 무서워하리니 이것들은 너희의 손에 붙였음이니라

모든 산 동물은 너희의 먹을 것이 될지라 채소 같이 내가 이것을 다 너희에게 주노라 (창 9:1~3)[2]

이것이 고대 헤브라이 인들의 기록에 나타나는 동물에 대한 기본적인 태도입니다. 아니, 동물만이 아닌 모든 자연에 대한 태도이죠. 신의 형상을 띠고, 신에 의해 창조된 인간은 감히 동물이 넘보지 못할 고귀한 생명체이기 때문에 모든 산 동물을 먹을 수 있게 되었고, 하늘과 땅과 바다의 모든 생물체가 두려워하는 지배자가 될 수 있었습니다.

이러한 세계관 속에서 인간은 기본적으로 자연을 정복하고 지배하여, 개조하고 사용할 수 있는 권한을 가진 존재가 되는 것입니다.

그럼 헤브라이즘에 대한 대략적인 설명은 됐으니 다른 한 뿌리인 헬레니즘을 보도록 하겠습니다. 헬레니즘이란, 역시 마찬가지로 '헬라스+이즘'입니다. 헬라스는 지금 우리가 생각하는 그리스 지역을 말하는 겁니다. 하지만, 지

---

2. 강준민, 리처드 포스터 외 엮음, 《레노바레 성경 개정 개역판》, 두란노, 2006년, 82쪽.

금의 그리스라는 이름을 가진 나라만을 뜻하는 것은 아니고, 그리스 지역의 문명권 전부를 포괄하는 말이죠.

그런데 이게 좀 애매해서 헬레니즘은 정의하는 사람에 따라 조금씩 다릅니다. 하지만 대체로 알렉산드로스 대왕의 페르시아 정복(BC 330)부터 로마가 이집트를 병합하는 BC 30년까지의 300년간으로 보는 경우가 많죠. 그래서 헬레니즘의 지역적 범위도 마케도니아, 그리스에서부터 알렉산드로스의 정복지 전역(인더스 유역, 박트리아, 메소포타미아, 소아시아, 이집트)까지라고 보면 됩니다.

로마 제정 시기의 로마 문화를 로마니즘이라던가 뭐 그 비슷한 로마 중심의 이름으로 부르지 않고, 굳이 Hellenism, 즉 헬라스의 문화로 보는 이유는, 군사적으로는 로마가 헬라스 세계를 정복했지만 문화적으로는 오히려 헬라스가 로마를 흡수했기 때문입니다. 로마가 헬라스를 점령하면서 로마에 흡수된 헬라스 문화로 인해, '그레코-로만' 문화가 형성되었고, 로마를 통해 그레코-로만 문화가 지중해 세계 전체로 퍼져나가게 된 것이죠.

그러니까, 그리스와 로마, 지중해 지역 사람들의 사유, 문화 체계를 헬레니즘이라고 생각하면 되겠습니다.

동쪽에서 헤브라이즘이 자리를 잡고 있을 즈음, 이런 헬레니즘은 플라톤을 거쳐 아리스토텔레스로 이어지는 과정에서 무척 정교해지고, 세련되어져 갔습니다. 그럴싸한 데다 써먹기 좋은 것이 언제나 그렇듯 헬레니즘의 사고 체계도 빠르게 퍼져 나갔고, 앞서 말했던 것처럼 로마를 통해 서구 전역에 확산되기 시작했죠. 그리고 이러한 과정에서 헬레니즘은 헤브라이즘과 융합되어 기독교로 이어지게 됩니다. 플라톤은 아우구스티누스가 계승하고, 아리스토텔레스는 토마스 아퀴나스가 계승하며 더욱 발전시키죠. 그래서 기독교를 플라톤 철학의 대중화된 버전이라고 여기는 사람들도 있습니다. 그런데 이때 동물들에게 저주와도 같은 세계관이 형성되는 계기가 되었던 것이 바로 플라톤 철학을 계승한 아리스토텔레스의 철학이었죠.

아리스토텔레스는 자연이란 본질적으로 높은 이성 능력을 갖춘 존재들을 위해 낮은 이성 능력을 갖춘 존재들이 봉사하는 계층 구조로 되어 있다고 생각했습니다. 낮은 이성, 높은 이성이라고 하니 무슨 소리인가 싶기도 하겠지만, 쉽게 생각하면 됩니다. 일반적으로 인간보다 동물이 멍청하다고 생각하죠. 그리고 동물보다 식물이 더 멍청하고요. 이때 인간이 가장 높은 이성 능력을 가진 것이고, 식물이 가장 낮은 이성 능력을 가진 존재가 되는 것입니다. 멍청하다는 단어를 쓰니 뭔가 인간이 동물보다 '탁월하다', '좋다'라는 가치판단이 들어간 거 같은데…… 제가 그렇게 생각한다는 게 아니라 아리스토텔레스가 그렇게 생각했다는 말입니다.

아무튼 이러한 사고방식을 가지고 있으니 낮은 이성을 갖춘 식물은 그보다 높은 이성을 갖춘 동물의 영양분이 되기 위해 태어난 존재라고 생각한 것입니다. 그러니 당연히 동물들은 가장 높은 이성을 갖춘 존재인 인간을 위해 존재한다는 결론이 나오죠. 가축이나 야생동물은 인간에게 사용되거나 식용으로 쓰이기 위해 존재한다고 생각했던 것입니다. 인간을 위해 밭을 갈다 결국 밥상 위에 올라갔을 때에만 자신의 의무와 역할을 다한 것이라고 여겼죠.

말도 안 되는 소리인 것 같지만, 아무튼 당시의 아리스토텔레스는 그렇게 생각했습니다. 이것은 플라톤이 세상의 규칙으로 만들어 놓은 줄 세우기의 확장이죠. 물론, 그 모습이 사뭇 다르긴 하지만, 그 근간을 지배하고 있는 '선별'은 플라톤의 그것과 그다지 다르지 않았습니다. 일단 '이성'이라는 정답이 있고, 거기에 가까운 것과 멀리 있는 것이 있죠. 그리고 멀리 있는 것은 가까이 있는 것을 위해 있는 것입니다. 마치 꼴등이 일등을 위해 존재하는 거라고 생각하는 꼴이죠.

그런데 이런 사고방식이 사실은 멀리 있는 게 아닙니다. 예를 들어 여름철에 캠핑을 갔는데 모기가 많아 짜증이 날 때나 집안에 바퀴벌레가 들끓을 때면 그런 생각을 하게 되잖아요. "이렇게 아무짝에도 쓸모없는 건 도대체 왜 있는 거지?"라고 말이죠. 이게 바로 아리스토텔레스적인 사고 방식입니다. 모기나, 바퀴벌레나, 파리나, 구더기나, 그것 들이 굳이 우리에게 '쓸모'가 있어야 할 필요는 없죠. 그것 들은 '그냥' 있는 겁니다. 우리와 전혀 상관없어요.

아무튼 그래서 아리스토텔레스는 "자연은 그 무엇도 아 무 목적 없이, 또는 공연히 만드는 법이 없다. 때문에 자 연이 모든 동물을 인간을 위해 만들었다는 것은 부정할 수 없는 사실이다"라는 결론에까지 이르게 됩니다. 엄청나게 오만한 생각이죠.

플라톤이 고안해낸 선별적 세상을 아리스토텔레스가 발 전시켜 좀 더 확실하게 구분 지어 놓은 것입니다. 그들에 게 있어서 모든 것은 인간을 위한 것이었고, 특히 그리스 시민을 위한 것이었습니다. 이런 아리스토텔레스의 사고 방식은 헤브라이즘의 특권의식과 만나며 《신약》을 통해 완전히 자리를 잡습니다. 자연 속에서의 인간의 위치가 완 성된 것이죠.

그럼 《신약》의 한 부분을 봅시다.

모세의 율법에 곡식을 밟아 떠는 소에게 망을 씌우지 말 라 기록하였으니 하나님께서 어찌 소를 위하여 염려하심 이냐

오로지 우리를 위하여 말씀하심이 아니냐 과연 우리를

*위하여 기록된 것이니 밭 가는 자는 소망을 가지고 갈며
곡식 떠는 자는 함께 얻을 소망을 가지고 떠는 것이라*
(고전 9:9~10)[3]

원래 모세의 율법에서는 소에게 멍에를 지게 하지 말라
고 하였지만, 바울이 생각하기에 이것은 말이 안 되는 소리
였습니다. 하나님의 뜻은 언제나, 오직 인간을 위한 것이어
야 했기 때문이죠. 《신약》에는 동물에 대한 가혹행위를 반
대하는 어떠한 내용도 없습니다. 물론 그렇다고 동물을 학
대한 건 아니었지만, 하나님의 약속은 오직 '특별한 존재'인
인간을 위한 것일 뿐이었고, 동물은 언제나 그런 인간을 위
해 밭을 갈고 곡식을 일구는 데 필요한 존재일 뿐이었죠.

이런 특권의식을 그리스 철학, 특히 아리스토텔레스의
철학과 잘 버무린 것은 앞서도 언급했던 토마스 아퀴나스
(Thomas Aquinas)였습니다. 그는 불완전한 것(낮은 이성의 존재)
이 완전한 것(높은 이성의 존재)을 위해 존재한다는 아리스토
텔레스의 세계관으로 성경을 해석했습니다. 동물에 대한
인간의 행위에 면죄부를 내려주는 것이죠.

아리스토텔레스에 따르자면, 식물처럼 단순한 생명은
그보다 좀 더 복잡한 동물을 위해 존재해야 했고, 같은 논

---

3. 강준민, 리처드 포스터 외 엮음, 《레노바레 성경 개정 개역판》, 두란노,
2006년, 1912쪽.

리로 모든 동물은 자신들보다 더 복잡한 인간을 위해 존재해야 했죠. "어째서? 그건 누가 그렇게 정한 거야?"라는 질문을 당연히 할 수도 있었겠지만, 그것 역시 '신'이라는 존재로 설명됩니다. 인간은 완전한 신을 위해서 봉사하는 존재니까요.

어딘가 그럴싸합니다.

그러니까 정리하자면, 신은 완전하며 이 세상의 창조자이기 때문에 찬양과 경외의 대상이어야 합니다. 그리고 그런 신을 위해 봉사할 수 있는 존재는 인간뿐이죠. 그렇게 되니 이제 다시 거꾸로 갑니다. 신에게 봉사하기 위해 존재하는 인간이 제대로 된 역할을 다할 수 있도록, 즉 제대로 봉사할 수 있도록 동물이나 식물이 인간을 위해 봉사하는 것은 아무런 문제가 없을뿐더러 오히려 중요한 일이 되어버리는 거죠. 모든 것에는 '목적'이라는 게 있다는 전제 속에서 사유가 진행되다 보니 그 목적이 수단을 정당화하는 겁니다.

그렇다고 모든 기독교인이 이랬다는 것은 아닙니다. 기독교인 중에서도 바실(Basil)이나 요한 크리소스토무스(John Chrysostomus), 이삭(Issac), 네옷(Neot) 등과 같이 동물에 관심을 기울인 사람들이 있었습니다. 하지만 애석하게도 그들의 입장은 언제나 소수였고, 힘이 약했죠. 월등히 많은 주류의 흐름을 바꾸어 놓을 수는 없었습니다.

차별의 한 역사: 자동기계(automates)

이러한 헤브라이즘과 헬레니즘의 융합과 그것의 발전인
기독교적 세계관이 최종적으로 합리화 된 것은 바로 데카
르트에 의해서입니다.

우리는 흔히 데카르트의 "나는 생각한다. 고로 존재한다
(Cogito, ergo sum)"라는 말로 인해 그가 신이나 종교적인 초월
적 존재를 거부하고 근대를 열었을 것으로 생각하지만, 데
카르트는 플라톤 계열의 철학자임과 동시에 독실한 기독교
인이었습니다. 그렇기 때문에 세상에 대한 그의 시각은 그
런 두 가지(플라톤, 기독교)가 결합한 모습이었습니다.

데카르트의 책을 처음 보았을 때 사람들이 놀라게 되
는 점은, 그 명성에 비해 책이 의외로 쉽다는 점입니다. 저
도 처음에는 르네 데카르트라는 이름에 겁먹어 "그런 어
려운 책은 전공자들이나 똑똑한 사람들이나 보는 거야"라
며 애써 외면했었죠. 하지만, 한 번 보고나니 "어라? 읽을
만하네?"가 되었습니다. 그래서 야금야금 읽게 되죠. 그런
데 읽으면 읽을수록 책이 철학책이라기보다는 수학책이나
과학책에 더 가까워 보인다 느끼게 될 겁니다. 사람이나 동
물의 해부도도 있고, 무슨 굴절 공학원리 같은 것도 있어서
우리가 흔히 생각하는 철학책과는 다르다는 걸 알게 되죠.
이런 저술 방식은 데카르트 철학의 성격을 단적으로 드러

내 주는 하나의 예시이기도 합니다. 근대성(modernity)과 때어 놓을 수 없는 개념, 바로 기계론이죠. 보통 데카르트를 근대의 아버지, 혹은 근대철학의 아버지라고 부르기도 하는데 이렇게 부르는 이유도 이런 기계론 때문입니다.

기계론이란, 말 그대로 모든 것을 기계적 원인과 결과로 보는 것이죠. 쉽게 말해 종이컵이 찌그러졌다면, 누군가가 종이컵을 찌그러트린 사람이나 물질이 있다고 생각하는 방식이 바로 기계론입니다. 누군가의 손이 종이컵을 잡고 힘을 주었거나 혹은 누가 깔고 앉았거나, 밟고 지나갔기 때문에 종이컵이 찌그러졌다고 보는 것이죠. 기계론적 세상에서 종이컵이 찌그러지는 데에는 어떤 형이상학적인 것도 참견하지 않습니다. 그러니까 귀신이나 초능력이나 신이 작용한 것이 아니라는 것이죠. 종이컵을 변하게 한 물리적인 작용이 있었기 때문이라고 생각하는 것입니다. 기계가 움직이는데 그것을 보고 우리가 귀신이 움직이게 했다거나 아니면 다른 무언가가 움직이게 했다고 생각하지는 않죠. 지금에 와서는 일반적인 상식입니다.

이것을 좀 더 확장해 봅시다. 바람이 부는 것도, 별이 움직이는 것도 전부 어떤 원인과 결과에 의해 움직인다는 게 되죠. 데카르트는 이걸 와류설(渦流說)로 설명하였지만, 여기서 중요한 건 그게 아니고, 세상이 움직이는 것에 있어 중요한 게 빠지게 되었다는 점입니다. 바로, '신'이 빠지게 되는 것이죠. 이제 온 우주가 원인과 결과로 설명되게 된 것입니다. 물론, 앞서 말했던 것처럼, 데카르트는 신을 믿었기 때문에 신이 있기는 있습니다. 하지만 그의 신은 창조자로서의 신이었죠. 창조만 해 놓으면 창조주인 신이 없어도 원인과 결과로 알아서 굴러가는 겁니다.

이런 생각 방식은 근대를 형성하는 대표적인 사고방식입니다. 그리고 이것을 가능하게 했던 사람이 데카르트였던 것이죠. 물론, 데카르트가 어디선가 뚝 떨어져서 갑자기 기계론을 만든 건 아닙니다. 그 이전에 갈릴레오 갈릴레이도 있었고, 프랜시스 베이컨도 있었고, 여러 사람들이 있었죠. 하지만 이걸 명확히 체계화, 이론화시켜 접목한 것이 데카르트이기 때문에 우리가 그를 근대의 아버지로 보는 것이죠.

아무튼 기하학의 영향을 받은 데카르트는 눈에 보이는 모든 것을 기하학적인 기계론으로 설명하려 시도했습니다.

인간의 팔이나 다리는 로봇처럼 지렛대의 원리로 움직이는 것이고, 맛이나 냄새, 색깔 등도 사물의 제1성질인 기하학적인 외형의 작용으로 나타나는 것이라고 보았습니다. 예컨대 우리가 레몬을 먹었을 때 신맛이 나는 것은, 그것의 입자('입자'라는 단어는 무척 현대적인 의미이지만 쉬운 설명을 위해 사용하겠습니다)가 뾰족한 것이어서 혀에 닿을 때 신맛을 내기 때문이라고 생각한 것이죠. 쓴맛이 나는 것은? 뭐, 거친 입자가 혀를 찌르는 겁니다.

냄새 역시 마찬가지였죠. 어떤 성질을 가진 냄새 입자가 콧속으로 들어오느냐에 따라 어떤 것은 장미향이 나고 어떤 것은 역한 냄새가 나는 것이라고 데카르트는 생각했습니다. 그리고 이런 작용을 일으키는 냄새나 맛의 입자를 제1성질이라 불렀고, 그것에 의한 효과, 즉 맛, 냄새, 촉감 등은 제2성질이라고 불렀습니다. 이것은 놀라울 정도로 현대적인 사고였죠.

그렇지만, 아무리 데카르트라도, 그리고 아무리 기계론이라도 설명을 못 하는 것이 있었습니다.

바로 인간의 영혼이죠.

인간의 몸과 세상의 자연은 어찌어찌 기하학적으로 해석되는 것 같지만, 인간의 감정이나 사고 작용은 그것으로 해결되지 않았을 뿐만 아니라 이것은 '영혼은 불멸하다'는 자신의 종교 신념에도 어긋나는 일이었습니다. 더구나 영혼이 기계론으로 작동한다면, '자유의지'라는 것도 없어지게 되죠. 우리가 하는 모든 결정이 우리 스스로 하는 것이 아니라 어떤 원인에 의해서 결정 할 수밖에 없게끔 되어버리기 때문입니다.

그래서 데카르트는 '자유의지'를 가진 '영혼'이라는 기독교적 관념을 기계론적 세계와 분리합니다. 영혼은 몸이나 자연과 다르게 기계론으로 움직이지 않고, 다른 방식으로 움직이는 거라고 본 거죠. 바로 '목적'입니다. 인간의 영혼은 '목적'에 의해 움직인다고 생각했죠. 데카르트적인 방법을 따르면, 우리가 그 귀찮고 힘든 것을 참으며 공부를 하는 것도 '목적'이 있기 때문이라는 것이죠. 상당히 그럴싸한 설명이지만, 나중에 여러 사람들에 의해 반박됩니다.

그럼으로써 데카르트는 "인간은 기계"라는 (기독교적으로) 불경한 공식을 피해 "인간의 몸만 기계"라는 공식을 세우게 되죠. 인간의 몸은 배고프면 먹고, 졸리면 자는 등 기계론에 속한 영역이었지만, 고귀한 영혼은 그것과 분리되어 다른 법칙을 따른다는 말입니다.

그래서 그는 세상을 신이라는 실체[4]에서 나온 두 개의 실체로 구분하죠. 물리적인 것으로 구성된 우주자연(인간의

---

4. 데카르트에게 있어서의 실체(substance)란, '자신이 존재하기 위해 다른 것을 필요로 하지 않는 것'을 말한다. 즉 어떤 것에도 의존하지 않는 무의존성을 갖는 존재인데 이러한 존재는 근본적으로 신밖에 없으며, 여기에서 모든 것, 연장실체(res extensa)와 사유실체 (res cogitans)가 창조된다. 이를 구성하게 되는 사고의 흐름은 다음과 같다. 나는 모든 것을 의심할 수 있지만, 의심하는 나는 의심할 수 없다. 그러므로 의심하는 나는 존재한다(Cogito, ergo sum). 그런데 이 의심하는 존재인 나는 불완전한 존재인데 의심하는 철학적 과정은 분명하고 정확하다(명석판명). 이때 이것이 어디에서 왔는가? 바로 "내가 의존하고, 내가 가진 모든 것을 부여한 더 완전한 존재"(《방법서설》)가 필요하다. 그리고 이러한 존재는 어떤 것에 의존하지 않고도 존재할 수 있는 완벽한 어떤 것, 즉 신이다.

육체도 포함)과 인간의 영혼으로 나누는 겁니다. 그리곤 물리적 자연을 연장실체(res extensa, 연장延長, 즉 이어 붙일 수 있는 실체)라고 불렀고, 인간의 영혼을 사유실체(res cogitans, 사유, 즉 생각하는 실체)라고 불렀습니다.

데카르트는 실체를 '자신이 존재하기 위해 다른 존재를 필요치 않는 것'이라고 정의하였기 때문에 두 실체는 다른 실체에 무관해야 합니다. 즉 사유실체와 연장실체는 서로 영향을 주고받지 않아야 하죠. 우리의 사유나 영혼(사유실체)이 아무리 물질(연장실체)에 영향을 미치려 하더라도 불가능하다는 것입니다. 예컨대 우리가 앞에 있는 컵을 보며 아무리 '움직여라'라고 되뇌어 보더라도 전혀 움직이지 않는 이유도, 이런 무상호연관성(無相互聯關性) 때문입니다. 그러므로 데카르트적으로 보자면, '간절히 바라면 이루어진다'는 말은 완전한 헛소리가 되는 것입니다. '해야 이루어진다'가 맞는 말인 거죠.

인간만 여기에서 예외가 됩니다. 데카르트는 만물 중 오직 인간만이 사유실체와 연장실체를 동시에 가졌다고 보았죠. 즉 육체와 영혼을 동시에 가진 유일한 존재라는 말이죠. 이는 다분히 기독교적인 시각입니다. 신의 피조물 중에서도 인간만이 특별한 존재이기 때문이죠. '신 밑에 인간, 자연 만물 위의 인간'이었으니까요.

그럼 도대체 인간은 어째서 그렇게 사유실체와 연장실체 두 가지를 다 가질 수 있느냐는 질문이 발생할 수밖에 없습니다. 데카르트는 이에 대해 자신의 저서 《정념론》에서 뇌의 어떤 부분에 '송과선'이라는 기관이 있어 두 종류의 실체를 이어준다고 말하죠. 사람들은 죽은 사람을 아무리 해부해 봐도 그런 건 발견할 수 없다고 반박하지만, 데카르트는 또 교묘하게 빠져나갑니다. 영혼과 육체를 이어주는 송과선은 죽은 인간, 즉 영혼이 없는 인간에게는 필요가 없는 것이고, 영혼이 빠져나가면서 사라져 버렸다는 것입니다. 그러니까 산 사람에게는 있는데 확인할 길이 없고, 죽은 사람은 확인해 봐야 말짱 꽝인 거죠.

그런데 영혼을 가진 것은 오직 인간뿐이라는 말은, 그 외에 모든 자연의 동식물들에게는 영혼이 없다는 말과 같은 말입니다. 즉 인간을 제외한 모든 것들은 연장실체에 속하고, 그러므로 그것들은 기계론으로 움직인다는 겁니다. 단지 인간이 만든 기계가 아닌 신이 만든 기계이기 때문에 좀 더 복잡해 보일 뿐이라는 것이 데카르트의 입장이었죠. 그래서 데카르트는 이런 자연의 동물들을 자동기계(automates), 움직이는 기계(machines mouvantes)[5]라고 말하기도 했습니다. 개나 고양이 같은 동물들은 그저 자극이 오면

---

5. 르네 데카르트, 《방법서설》, 이현복 옮김, 문예출판사, 1997년, 213쪽.

기계적으로 반응한다고 생각한 것이죠. 그래서 그는 동물에 대해 "동물은 정신[영혼]을 전혀 갖지 않고 있고, 기관의 배치에 따라 작동하는 것이 바로 그의 자연[본성][6]"이라고 말했습니다.

이러한 데카르트의 이론은 헤브라이즘+헬레니즘+기독교적인 '하나의 신 밑의 인간, 모든 자연 위의 인간'이라는 특권 위에 철학적 합리화를 덧붙일 수가 있게 된 것입니다. 인간은 동물보다 지위도 높은데다가 동물에게는 영혼조차 없으므로 이제 마음대로 해도 되게 된 것이죠.

동물들의 살을 찢고, 뼈를 부수고, 배를 가르더라도 아무런 죄책감을 느끼지 않을 수 있게 된 겁니다. 그리고 실제로 그렇게 했고, 지금도 역시 그렇게 하고 있습니다. 물론, 이 당시의 사람들도 장님이며 동시에 귀머거리가 아닌 이상 동물들이 고통에 겨워 몸부림치는 것을 못 본 것은 아니었습니다. 하지만 데카르트에 따르면 이것은 동물들이 실제로 고통을 느끼는 것이 아니고, 다만 시계나 마차보다 조금 더 복잡한 '자동기계'의 단순한 '작용'일 뿐이었죠.

인간을 양심의 가책에서 벗어나게 해주는 무척 편리한 이론이었습니다.

---

6. 르네 데카르트, 《방법서설》, 이현복 옮김, 문예출판사, 1997년, 216쪽
(이하 인용에서 [ ] 안은 글쓴이).

차별의 한 역사: 프릭쇼

편리함은 효율성을 낳고, 효율성은 합리성을 낳죠. 또한, 합리적이라는 말은 생산성이 높다는 말이고, 생산성이 높아지면 힘이 축적되고, 축적된 힘은 권력을 생산합니다.

기계론이라 쓰고, 자연에 대한 인간의 지배론이라 불려야 하는 무척 편리한 데카르트의 이론은 결국 소수의 특정 우월주의, 즉 제국주의에 대한 합리화에도 이용됩니다. 제국주의자이자 전체론자들에 의해서 이런 지배론은 인종주의적인 양상을 보이는데, 그것을 잘 보여주는 것이 바로 프릭쇼(Freak show)[7]입니다. 그리고 이와 비슷한 것이 우리의 역사에도 있었죠.

19세기 말, 서구의 여러 제국들은 산업혁명과 자본주의의 성공, 그리고 제국확장의 욕망을 거침없이 드러내는 방법으로 앞다투어 정체불명 박람회를 개최하였습니다. 별별 박람회가 다 있었죠. 그리고 급기야는 1889년 파리 박람회를 시작으로 '원주민 취락지역'이라는 말도 안 되는 코너가 생겼습니다. 이름 그대로 원주민을 전시하는 이곳은 백인, 혹은 그를 따라 하기에 급급한 동양인들이 자민족 우월주의를 합리화하기 위한 도구 중 하나였습니다. "보

---

7. 113쪽 참고.

라! 이 미개한 종족을! 우리들의 정복은 타당하다! 미개한 너희들을 계몽시키는 것이다"라는 식의 어처구니없는 합리화였죠. 이건 아이러니하게도 그런 계몽을 부르짖는 문명의 미개함을 역설적으로 드러내 주는 것이기도 했습니다. 아무튼 '원주민 취락지역'은 그야말로 우생학, 골생학, 사회적 다원주위의 도가니였습니다. 이 와중에 일본도 서양을 따라 박람회를 개최하게 되는데 1907년 동경권업박람회(東京勸業博覽會)도 그 일환이었습니다.

당시 이런 박람회에는 조선인들도 간혹 견학하곤 했었습니다. 열강에 침략을 당해 국운이 위태위태한 상황이기는 했지만, 반대로 그런 열강을 배워보자는 것이었죠. 즉 열강의 침략을 극복하기 위한 학습 중 하나가 이런 박람회 견학이었습니다. 동경권업박람회도 역시 견학의 대상이었기 때문에 그곳을 찾았던 한국유학생이 있었습니다. 그런데 박람회장을 돌아다니던 그는 옆을 지나치는 일본인을 통해 이상한 소리를 듣게 됩니다. 조선관 제1관 안에 조선동물 두 마리가 있는데 대단히 우습더라는 말이었죠. 조선관에는 호랑이 가죽이나 삿갓, 담뱃대 등의 생활용품 등이 전시되어 있는 줄로만 알고 있던 유학생에게 그 일본인의 말은 뭔가 이상했습니다. 조선의 생필품이나 호랑이 가죽 같은 것이 우습다는 말은 얼핏 이해가 가지 않았죠. 그래서 그들의 말이 무슨 소리인가 알아보기 위해 그는 조선관으로 갔습니다.

그리고 거기에서 조선관 옆에 있는 조그만 건물을 발견하게 되죠. '수정관'이라는 작은 간판이 붙어 있는 곳이었습니다. 그는 뭔가 낌새가 이상해 안으로 들어가게 되었죠. 그리곤 비로소 일본인들의 말을 이해할 수 있게 되었습니다. 수정관 안에는 동물 우리처럼 울타리가 쳐져 있었습니다. 소나 돼지를 키우기 위한 것과 비슷한 울타리였죠. 하지만, 그 안에 있는 것은 가축이 아닌 조선인 남녀한 쌍이었습니다. 여자는 장옷을 입고 눈만 내놓은 상태로의자에 앉아있었고, 남자는 탕건에 갓을 쓰고 무기력한 얼굴로 구경거리가 되고 있었죠.

일본인들이 말한 조선동물이라는 건 바로 그 조선인 남녀였던 것입니다.

유학생은 그 광경을 보고 격렬하게 분노하여 유학생 몇명과 함께 일본에 항의를 하였고, 다행히 그들의 노력으로수정관은 간신히 폐지되었습니다. 하지만 일본이 조선에보낸 회신은 기가 막힌 것이었죠.

"동양의 선구자인 우리가 조선을 구경거리로 삼는 것은아무런 문제가 되지 않는다."

일본은 선구자인 자신들이 조선 사람들을 구경거리로

삼는 것은 당연한 일이고, 옳은 일이라고 생각했던 것입니다. 자신들은 계몽된 민족이고 그러니 좀 더 나은, 더 우등한 민족이라고 여겼기 때문입니다. 그리고 그러한 우수함을 위해 열등함이 희생하는 것은 당연하다는 것이 당시 일본, 그리고 제국주의의 상식이었습니다. 앞서 말했던 모든 사고 방식과 동일한 방식인 것이죠. 다만, 대상이 동물에서 인간으로 바뀌었을 뿐입니다.

선별이 있고, 그 선별은 희생을 강요하는 것이죠.

'희생'이라는 단어를 사용했기 때문에 뭔가 고귀해 보일 수도 있지만, 결국에는 착취일 뿐인 것입니다.

이러한 선별의 메커니즘이 존재하는 한, 누군가는 착취의 대상이 될 수밖에 없습니다. 그들의 메커니즘을 따르자면, '정답', '기준'에서 멀리 있는 존재들은 옳지 않은 것이기 때문에 열등한 것이고, 그러므로 바뀌어야 하고, 고쳐져야 하는 것이 되기 때문입니다.

타자의 기준에 맞춰 고치고 바뀌어야 한다는 것, 내가 더 이상 내가 아니어야 하는 것, 그것은 착취의 다른 말일 뿐이죠.

전시관 안에 갇힌 조선인들 역시 마찬가지입니다. 그들이 타자—일본의 목적(구경거리)에 충실히 하는 한, 그들은 자신이어서는 안 됩니다. 심지어 사람이어서도 안 되는 것이죠. 그들이 울타리 밖의 사람들과 같은 인간으로서 관계 맺기 시작한다면, 울타리라는 경계는 허물어지고, 일본의 목적은 달성 불가능해지기 때문입니다. 조선인들이 더 이상 전시물로서의 가치를 유지할 수 없게 되는 것이죠.

그리고 전시할 수 없는, 사용가치가 사라진 동물은 제거 되어야 하는 것처럼 그 조선인들도 어떤 방식으로든 제거 가 되었을 것입니다. 호랑이로써 살기 위해 우리를 뛰쳐나 온 호랑이 로스토프[8]가 격리되어야 하는 것처럼, 박람회의 조선인들도 아마 그렇게 되었을 것입니다.

일본인이 조선인을 가두었던 것이나 프릭쇼는 이제까지 의 선별 메커니즘과 똑같은 방식으로 구현된 것입니다.

차별의 한 역사죠.

아주 서글픈 역사입니다.

그리고 역사는 반복되는 것이라는 말을 증명이라도 하 려는 것처럼, 우리는 지금도 그런 차별의 역사를 반복하고 있습니다.

옳고 그름이 닮음과 차이로 대체 되어, 닮은 것은 옳은

---

8. 2013년 11월에 서울대공원에서 탈출하여 사육사를 해쳤다가 격리되어있 는 시베리아 호랑이. 러시아의 대통령 푸틴이 2011년에 선물한 호랑이이기 도 하다.

것이 되고 차이는 그른 것이 됩니다. 그리고 결국에 닮은
것-옳은 것은 '우리'가 되고, 다른 것-차이는 '타자'가 됩
니다.

그리고 '우리'는 그런 '타자'를 '우리'의 이해범위라는 철
장 속에 가두죠.
동물들을 동물원에 가두는 것처럼 말이죠.
그리고 가둬진 동물들에게 '우리'처럼 살라고 합니다.

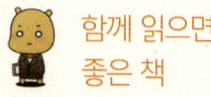 함께 읽으면
좋은 책

《방법서설》, 《성찰》

서양철학의 역사는 그것을 정의하는 사람에 따라 달라질 수 있습니다.
그러다 보니 각 사상가의 중요도에 대한 평가도 자주 변하죠. 하지만
그럼에도 불구하고 "유럽 철학이 플라톤에 대한 각주라면, 근대 유럽
철학은 데카르트에 대한 각주다"라는 레젝 콜라콥스키의 말처럼, 데카
르트는 서양철학사에서 절대로 빼놓을 수 없는 철학자입니다.

이런 데카르트가 쓴 책 중에서 가장 중요한 책은 뭐니뭐니해도 《방법서설》과 《성찰》 두 권입니다. 그리고 한 권 더하자면 《철학의 원리》까지 포함할 수 있겠네요.

데카르트가 1637년에 쓴 《이성(理性)을 올바르게 이끌어, 여러 가지 학문에서 진리를 구하기 위한 방법의 서설》, 즉 《방법 서설》은 프랑스어로 쓴 최초의 철학서이자 그의 가장 유명한 저작입니다. 그는 이 책에서 그 유명한 "나는 생각한다. 고로 존재한다(Cogito, ergo sum)"라는 말을 하는데, 사실 이 말은 데카르트 이전에도 비슷한 형태로 종종 쓰였던 말이기도 합니다. 하지만 데카르트가 자신의 이전과 이후를 명백하게 나누는 존재가 된 이유는 바로 철학의 시작점으로서의 '나'의 발견 때문이죠. "나는 생각한다. 고로 존재한다"라는 말은 모든 것을 의심하는 방법적 회의 끝에 다다른 결론이 신이 아닌 '나'의 생각(Cogito)으로 귀결되는데, 이 Cogito는 데카르트 이후 모든 철학의 시작점, 즉 철학의 제1원리가 되었습니다.

이것은 그가 살던 시대에는 꽤나 과감한 생각이었죠. 중세에 어떤 사람이 진리를 깨달았다면, 그것은 그 사람의 머릿속에서 온 것이 아니라 신의 계시로부터 온 것이어야 했습니다. 그렇지 않으면 불경한 것이 되었죠. 그리고 모든 것의 출발 역시 '신'이어야 했습니다. 그것이 무엇이든 먼저 신이 있고, 그다음에 있어야 하는 겁니다. 그런데 데카르트는 그 시작을 신이 아닌 '나'로 바꾼 것입니다. 그로 인해 이제 철학은 신에게서부터 시작하지 않고, 인간에게서부터 시작할 수 있게 된 것이죠.

  사유의 시작이 신이 아닌 '나'로부터 시작된다는 것은 말 그대로 중세의 탈피라고 볼 수 있습니다. 하지만 그럼에도 데카르트의 '나'에게는 여전히 중세의 계시와 비슷한 면이 남아 있기는 하죠. 무엇을 보고 경험한 것이 아니라 마음속으로 사유한 것이기 때문이죠. 즉 외부가 없이, 타자가 없이 존재할 수 있는 것이 바로 데카르트의 '나'이기 때문입니다. 그리고 그것을 누가 주었느냐? 바로 신이 주었다고, 신을 '요청'하죠.

  그래도 데카르트의 '나'는 중세의 좁은 의미에서의 계시와는 달리 신에 의한 계시가 아닌 나 스스로에 의한 사유에 의한 것이니 철학사에서 처음으로 '나'의 개념이 명확하게 등장하는 최초의 사건임에는 틀림없습니다.

  그 후 데카르트는 이러한 철학을 더욱 발전시켜 자신의 철학적 방법론의 대표작이라 불릴만한 《제1철학에 관한 여러 가지 성찰》, 즉 《성찰》의 초판을 1641년에 내놓았고, 1644년에는 철학의 유용성을 지식과 관련하여 강조하는 《철학의 원리》를 출간했습니다. 하지만 총 4부로 구성된 《철학의 원리》의 2~4부는 그의 자연학을 말하는 것이기 때문에 현대에는 그다지 유용하지 않죠. 그래도 데카르트의 세계관을 이해하기에는 무척 유용한 책입니다.

  데카르트가 아직까지도 가장 중요한 철학자 중 한 명일 수 있는 이유는, 형이상학과 자아 문제, 철학의 원리에 관한 주제들이 있기 때문입니다. 《철학의 원리》는 그것을 서문과 1부에서 다루고 있죠. 《철학의 원리》 불어판 서문에서 데카르트는 철학을 "단지 어떤 일들에서의 *신중함(prudence)이 아니라 인간이 알 수 있는 모든 것들에 대한 완 벽한 인식, 지식(connaissance)*" 그리고 "*삶을 인도하기 위해서 뿐만 아니라 건강을 지키고 모든 기술의 발명*"을 위한 것이라고 자신이 생 각하는 바를 명확히 언급합니다.

이러한 일련의 저작으로 데카르트가 보여준 철학적 성찰은 전통적 인 형이상학과 신학의 기반을 뒤흔들만한 혁신성을 지닌 것으로 평가 받았지만, 역시 동전에는 양면이 있는 법. 반면, 네덜란드의 신학자와 철학자들에게는 거센 비난을 받기도 하였습니다.

《성찰》에서 다루어지는 내용은 대부분 그보다 4년 앞선 자신의 책 《방법서설》에서 이미 다루었던 내용입니다. 물론, 그렇다고 《성찰》이 그저 《방법서설》을 더욱 자세하게 설명하기만 한 것은 아니죠. 1628년 《정신지도를 위한 규칙》 이후 계속 고안되어 왔던 "*모든 것을 철저하 게 전복시켜 최초의 토대에서부터 새로 시작*"하는 작업을 발전시킨 것 입니다. 한 마디로 싹 다 갈아엎자는 것이었죠. 그럼으로써 기존 학문 일반에 대한 회의적 고찰에서부터 확실한 진리를 인식할 수 있도록 하는 새로운 방법을 고안해내는 전 과정을 상세히 고찰한 책이 바로 《성찰》입니다.

데카르트는 이런 방법을 형이상학적 문제에 적용하여 모든 학문의 확고한 철학적 토대를 구축했고, 다시 이를 자연의 문제에 적용하여 자 연학까지도 확장했죠.

03
이방인

내가
사는
세상

나

하나

어렸을 때의 나는 내가
생각하기에도 상대하기
싫은 놈이었다.

감정 기복도 심했고...

고집도 세고...

잘난 척도 쩌는 데다가

소심하고, 신경질적이고,
의심도 많은...

아무튼... 뭐... 그렇게
남들이 싫어할 만한
조건은 모두 다 갖춘
그딴...
놈이었다.

게다가 내 이야기를 쓰는
만화다 보니 나름대로
미화되었을 텐데도
불구하고 이 정도니...
현실은 오죽하겠는가?

이렇게 이상한 성격
탓인지, 나는 한동안
내가 세상에서 혼자
동떨어진 존재라는
생각에 심각하게
고민했던 적이 있다.

초등학생 토루

중학생 토루

고등학생 토루

그 당시에는 모든 사람이
나를 비웃고...

수군거리며...

꺼린다고만 생각했고,
동시에 아무도 나를
이해하지 못한다고
생각했다.

나는 그렇게...
나와 세상 사이에
'몰이해'라는 심연이
괴괴하게 흐르고 있다고
생각했다.

나 혼자 덩그러니
떠 있는 섬처럼,
이 세상 속에서 이방인이
라고 생각을 했었다.

내가
사는
세상

이방인

둘

알제의 선박중개 사무소
에서 일하는 뫼르소는
어느 날 양로원에 있던
어머니가 돌아가셨다는
전보를 받는다.

하지만 그에게는 모친의
사망보다...

더운 날씨에 버스를 타고
80Km를 가야 하는 것이
라든가,

일요일을 허비하게 된다
든가 하는 것이 더욱
중요한 일이었다.

그렇게...

어머니의 관 앞에서
담배를 핀다거나

어머니의 정확한 나이도
모르는 뫼르소는...

바로 그런 이유 때문에
사람들의 비난을 받게
된다.

하지만...

우리의 쿨한 뫼르소
선생은...

...라며 기뻐할 뿐이었다.

사람들이 이상하게
보거나 말거나...

장례식 바로 다음 날부터
예전 직장동료였던 여자,
마리를 만나 영화도 보고,

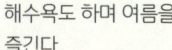

해수욕도 하며 여름을
즐긴다.

또는,

옆집 사람과 친구가
되어...

같이 별장으로 놀러
가기도 한다.
그리곤...

햇볕이 뜨거웠다는
이유로...
살인도 하게 된다.

결국...
당연히 잡혀가게 된
뫼르소는 재판을 받게
되는데...

그리스도가
자네를 위해
희생했다는 것을
믿지 않는가?

응. 그게 왜?

죄인은 모친의 시신 앞에서 커피를 마셨는가?

응

죄인은 어머니 나이를 정확히 몰랐는가?

으, 응...

죄인은 어머니가 죽은 다음 날 희극 영화를 봤는가?

이상하게도 재판은 뫼르소의 살인과는 별 상관 없이 장례식에서 그의 태도에 대한 내용만으로 진행됐다.

네...

물론, 뫼르소 쪽 증인도
있었지만…

그들의 말은 아무도
들어주는 사람이 없었다.

그리고…

우리는 뫼르소를
이해해 줘야 합니다!
그럴 수밖에 없었던 그를
이해해 줘야 한다고요!

살라마노
(뫼르소의 옆집 노인)

…라고 외치는 사람도
있었지만, 역시 아무도
이해해주지 않았다.

어머니의 장례식이
끝나자마자 해수욕을
하고, 영화를 관람했으며,
어머니의 나이를 정확히
모르고, 어머니의 장례식
에서 슬퍼하지 않았다는
사실은...

그의 살인죄와는 상관없이
그를 반인륜적 범죄자로
만들어버린다.

게다가 역시 우리의
쿨한 뫼르소 선생은,

자신의 살인은 태양
때문이었다고,
어처구니없지만 아주
솔직하고 솔직하게
자백했다.

어머니의 장례식에서
슬픔을 가장하지
않았을 때나...

마리에게 결혼에 대해
말했을 때처럼,
굳이 감정을 과장하지도
축소하지도 않고 아주
솔직하게 말했을 뿐이다.

그리곤...

뫼르소는 사형을
받게 된다.

그는...

장례식에서 슬퍼하지
않았다는 이유로, 자신의
감정을 꾸며 그들과
같이 어떤 연극에 참여하
지 않았다는 이유로,
사형을 선고받게 된다.

내가
사는
세상

월드컵

셋

2002년 월드컵 때에는...

군대에 있어서
잘 몰랐지만...

2006년 월드컵부터는
그 열광의 도가니탕을...

직접 곁에서 지켜볼 수
있었다.

여기를 가도...
저기를 가도...

빨간색 옷을 입은
사람들이 넘쳐났다.

친구들을 만나도 축구
이야기뿐이었고...

학교에서도...

심지어 집에서도...

언제나 화제의 중심은
월드컵이었다.

이 와중에...

185

. . . . .

. . . . .

월드컵팀 감독이 누군지도
모르고, 애당초 별
관심도 없었던 나는...

대한민국 국민 취급도
받지 못했다.

지금도 아는 운동선수
라고는...

정도나...

...정도가 전부인 나는...

축구 시즌이 되거나...

야구 시즌이 되거나...

올림픽 시즌이 되면...

언제나...

이방인이 되었다.

내가
사는
세상

우리

넷

사람들은 친구를 만든다.

학교에서 친구가
생기기도 하고...

회사에서 직장동료가
친구가 되기도 하고...

이웃이 친구가 되기도
하고...

동호회에서 비슷한
사람을 만나기도 한다.

그리고 이런 사람들이
모인 집단을...

"우리"라고 부른다.

우리나라..

우리학교...

우리가족...

...처럼 말이다.

192

그리고 '우리'가 아닌
사람들을 '우리'는

나쁜 놈... 혹은

"이방인"이라고 부른다.

그런데...

'나'와 '너'와
저 사람, 이 사람들이
'우리'라고 불릴 수 있는
조건은...
바로...

"공통점"이다

"우리"는 같은 팀을 응원
해야 하고...

"우리"는 같은 피부색을
가져야 하고...

"우리"는 같은...

감정을 공유해야만 한다.

그렇지 않고, 조금 다른
모습을 가졌거나

다른 팀을 응원하거나...

아니면...
비슷한 감정을 공유하지
못한다면...

그 사람은 이방인이
된다. 그렇게 되면 이방
인은 위험한 존재나
이상한 사람, 나쁜 사람,
비도덕한 사람이 되어...
낙인이 찍히거나,

쫓겨나거나,

개종하거나...

없어져야만 한다.

이방인이 용납되지 않는
사회에서는...

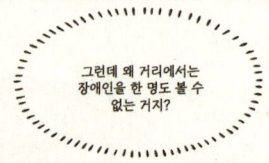

'이방인'이란,
단지 사라져야만 하는
존재가 된다.

197

《이방인》의 저자
알베르 카뮈가 미국판
《이방인》 서문에서

...라고 말했던 적이 있다.

이건 뭐랄까... 소설에서
처럼 무척 과장되게
"이방인"이 어떻게 되어
야 하는지를 보여주는
말이기도 하다.

"우리"라는 범주를 조금
더 넓게 그들을 이해하기
전에 "우리"는 어쩌면 그
들을 치워버리고 있는 것
인지도 모른다.

그리고...

치워 버리고

치워 버리고

치워 버려서...

결국에 자기 빼고는
모두 치워버리는 건지도
모르겠다.

어쩌면 가장 외로운 사람
은 곁에 사람이 없는
사람이 아니라, 자신을
이해해 주는 사람이 없는
사람일지도 모르겠다.

어쩌면 남을 이해하지
못하는 사람이거나...

내가 하는 인문학
Hello, Stranger

이방인

우습지만, 카뮈를 처음 읽게 된 것은 순전히 '이방인'이라는 제목 때문이었습니다. 누구나 인생에 한 번쯤은 요상한 허세병(소위 중2병이라는)을 앓는 시절이 있는 것처럼, 저도 마찬가지로 그런 암흑의 역사가 있었는데 그때 만났던 책이 바로 카뮈의 《이방인》이었죠. 한창 대상 없는 불만에 자기 혼자서 휘둘리고 있었을 그때, '이방인'이라는 제목은 그 감정 과잉을 채워주기에 딱인 책이었습니다. 하물며 노벨문학상 수상작가의 작품임에야…… 더는 망설일 이유가 없었죠. 제목에서 풍기는 어두침침한 감수성에 심지어! 노벨문학상이라는 지적 허세도 채워주는 이 책을 외면할 능력 따위, 당시의 저에겐 없었습니다.

당당하게 거금을 투자하여 책을 구매했고, 가차 없이 펼쳤고, 난데없이 좌절했습니다.

모래를 씹는 것처럼 퍼석퍼석한 문장은 마지막 페이지를 덮을 때까지도 익숙해지지 않았지만, 노벨상 수상작(심지어! 노벨상이 작품에 주는 것이 아니라 작가에게 주는 것이라는 사실도 몰랐던 시절이었죠) 작품 하나는 읽어 봐야지 어디 가서 책 좀 읽었다고 할 수 있을 것 같아 마지막까지 꾸역꾸역 읽었던 기억이 아직도 생생합니다. 하지만, 다 읽고 나니 주인공 이름이 뫼르소였는지 메르소였는지도 잘 기억나지 않았었죠.

덕분에, 《이방인》을 덮은 이후부터 마르케스의 《백 년 동안의 고독》을 읽을 때까지 노벨문학상 수상집이라면 거들떠보지도 않게 되었죠. 아, 노벨문학상이라는 건 사람이 읽어서 이해하라고 쓰는 게 아니구나 하는 생각 때문이었죠.

하지만 그래도 다행인 것은, 주변에 이런 사람이 저 혼자뿐만은 아니었다는 사실입니다. 조악하고 미천한 경험적 데이터에 따르자면, 이 책은 끝까지 읽은 사람도 드물고, 읽었더라도 제대로 이해한 사람은 더욱 드문, 그런 책이었죠. 그러니 혹시 《이방인》을 읽고 그다지 감동적이지 않았다거나 이게 도대체 무슨 소리인가 싶었더라도, 실망하지 않기를 바랍니다. 우리는 보통 책을 읽고 이해를 못했다고 자신을 탓하는 경우가 많은데, 그것을 순전히 독자만의 잘못이라고 생각할 필요는 없습니다.

아무튼 그래서 저도 이 책을 어떻게든 소화해 보려고 숱한 텍스트들을 접했더랬습니다. 카뮈 본인의 글을 포함

해서 갖가지 연구서들을 통해 《이방인》을 이해해 보려고
부단히 노력했었죠. 그리고 그중 가장 쓸모 있었던 것들
을 기준으로, 전혀 정상적이지 않은 정리를 좀 해보았습
니다.

진실한 인간

카뮈의 1937년 작가노트에는 이방인의 흔적이 몇 구절 남
아있습니다.

" '아무 상관이 없다.' 진짜 소설. 일생 동안 하나의 신념
을 옹호하는 사람. 그의 어머니가 죽는다. 그는 모든 것을
다 버린다. 그래도 그의 신념의 진실은 변하지 않았다/.
아무 상관이 없다. 그런 것이다."[1]

이것은 말할 필요도 없이 《이방인》의 시작을 알리는 메
모입니다. '세계문학사상 가장 돋보인 첫 문장'이라든가
'역사상 가장 위대한 문장'이라든가 어쨌든 '문장 콘테스트'
를 할 때면 언제나 순위권 안에 드는 《이방인》의 첫 구절
에 대한 설명이죠. "오늘 엄마가 죽었다. 아니 어쩌면 어

---

1. 알베르 카뮈, 《알베르 카뮈 전집 2》, 〈공책 제1권〉, 김화영 옮김, 책세상,
2010년, 55~56쪽.

제"[2]라는 구절은 카뮈가 다른 텍스트에서도 자주 언급했던, '첫 문장의 중요성'[3]을 여실히 보여주는 대목입니다. "어떤 책의 첫 페이지에는 이미 그 책의 마지막 페이지가 담겨 있다"는 그의 말은 자신의 소설 《이방인》에서 직접 증명됩니다. 뫼르소에게 어머니의 죽음은 그게 언제였는지도 잘 모를 만큼 하찮은 것이었죠. 말 그대로 그런 건 "아무 상관 없다"입니다. 그렇다면 무엇이 중요할까요? 그가 지키고자 했던 '일생 동안 하나의 신념'이라는 것이 도대체 무엇이기에 어머니의 죽음 따위는 그저 귀찮은 일이 되어 버리는 것일까요? 그럴싸해 보이는 것들이 항상 그렇듯이, 뫼르소의 신념이라는 것도 사실은 별것 아닐 수도 있습니다. 카뮈는 작가노트에 이와 관련하여 아래와 같이 기록해 놓았죠.

"자기를 정당화하고 싶지 않은 사람. 남들이 자기에 대하여 품고 있는 생각이 차라리 더 낫다고 생각한다. 그는 자신의 진실을 혼자서만 간직한 채 죽는다."[4]

---

2. 알베르 카뮈, 《알베르 카뮈 전집 2》, 〈이방인〉, 김화영 옮김, 책세상, 2010년, 445쪽.

3. 카뮈는 작가노트나 《시지프 신화》 등을 통해 어떤 소설의 첫 문장에는 그 소설의 결말에 대한 암시가 담겼다고 언급했던 적이 있다.

4. 알베르 카뮈, 김화영 옮김, 《알베르 카뮈 전집 2》, 〈공책 제1권〉, 책세상, 2010년, 48쪽.

후에 《이방인》의 주제가 되는 이 구절에 대해서는 카뮈가 미국판 서문에서 다시 한 번 언급한 대목이 있습니다.

"'우리 사회에서 자기 어머니의 장례식에서 울지 않은 사람은 누구나 사형선고를 받을 위험이 있습니다.' 나는 다만, 이 책의 주인공은 유희에 참가하고자 하지 않았기 때문에 유죄선고를 받았다는 말을 하고 싶었습니다."

카뮈는 《이방인》을 통해 사이코패스 같은 뫼르소를 두둔하려 한 것도 아니고, 단순히 자극적인 등장인물을 내세워 흥미를 끌어 보려고 했던 것도 아니었습니다. 단지, 같은 것을 공유해야만 '우리'라는 공동체에 속할 수 있다는, 바로 그 패러다임을 고발하고자 했던 것이죠. 예컨대 월드컵에서 한국과 일본이 축구시합을 한다고 가정해 보겠습니다. 이때 우리나라에서 일본편을 든다는 것은 실로 자살행위나 마찬가지죠. 심지어 축구 자체에 관심 없는 것조차도 웬만해서는 용납이 안 됩니다. 모든 사람들이 붉은 옷을 입고 축구에 열광할 때 혼자 무관심으로 일관한다면 보통 '어떻게 그럴 수가……'라는 반응을 받게 되죠. 이 '어떻게 그럴 수가……'라는 반응에는 앞에 무언가가 생략되어 있습니다. '(대한민국 국민이) 어떻게 그럴 수가……', 더 나아가 '(인간이) 어떻게 그럴 수가……'가 그들이 하고자 하는 말의 정확한 표현입니다.

그런 사회에서는 '정상이라면' 모두가 축구공을 좇아가야 합니다. 공을 좇고, 돈을 좇고, 그러므로 모두가 열심히 공부해서 모두가 대기업이나 공무원, 혹은 그도 아니면 어찌 됐든 뭔가 그럴싸한 꿈을 좇아가며 살아야 합니다. 그게 '정상적인' 인간이고, '정상적인' 젊은이죠. 카뮈가 말하는 '우리 사회'란 이런 획일화된 '정상'이 있는 사회입니다.

이런 사회에서는 자신의 솔직한 감정이나 생각을 말해서는 안 됩니다. 그들, 즉 정상과 '다르기' 때문이죠. 이 사회에서는 어머니의 죽음을 슬퍼해야 합니다. 인간이라면 응당 그래야 한다고, 당연하게 여겨졌고, 그러니 당연하게 해야 하는 것이죠. 그렇지 않은 사람은 그 공동체에 속할 수도 없고, 속해서도 안 됩니다. 그것이 공동체의, '우리'의 법입니다.

그리고 이런 '세상의 유희'에 참여하지 않고, 자신의 솔직한 감정을 말해 사형을 당하는 인물이 뫼르소라고, 카뮈는 말하는 것이죠. 그 솔직한 감정이라는 게 대단한 게 아닙니다. "나는 슬프지 않다. 그러므로 슬퍼하지 않겠다" 정도로 해석될 만한 아주 사소한 솔직함이죠. 자신의 그런 감정을 정당화하지 않는 인간이 바로 뫼르소이고, 이런 뫼르소로 카뮈가 보여주고자 했던 것은 앞서도 말했던 당연함, 공동체에 대한 '질문'이었습니다.

그래서 작가의 의도를 그대로 따라가자면, 《이방인》과 함께 부조리 3부작으로 같이 엮인 《시지프 신화》의 첫 문장에 가장 적합한 인물도 누구인지 짐작이 갑니다.

"참으로 진지한 철학적 문제는 오직 하나뿐이다. 그것은 바로 자살이다. …… 어떤 철학자가 존중받는 존재가 되려면 마땅히 자신의 주장을 스스로 실천하여 보여 주어야 한다는 것이 사실이라면, 우리는 이 대답이 얼마나 중요한지 이해할 수 있을 것이다. 왜냐하면 그 대답 다음에는 반드시 결정적인 행동이 뒤따르게 되어 있기 때문이다."[5]
라는 카뮈의 말에 가장 적합한 인물은 바로 뫼르소죠.

슬프지 않은 것을 슬프지 않다고 말하는 것은 옳고 그르고의 문제가 아닌 그저 사실일 뿐입니다. "배가 고프니 밥을 먹는다"처럼 아주 단순한 사실이죠. 그래서 뫼르소는 그저 그것을 솔직히 말했을 뿐입니다. 단언컨대, 카뮈는 이 문장을 실현하고자 하는 인간형으로서 뫼르소를 만들었고, 그는 그것으로 '우리'에게 질문을 던졌던 것입니다.

여기까지가 일단 카뮈의 의도입니다. 하지만, 언제나 그렇듯이 우리는 책을 우리에게 맞게 읽어야죠. 이런 '내 마음대로 읽기'를 그럴싸하게 설명한 사람으로는, 현대 해석

---

5. 알베르 카뮈, 김화영 옮김, 《알베르 카뮈 전집》, 〈시지프 신화〉, 책세상, 2010년, 267쪽.

학의 두 이론가인 가다머(Hans-Georg Gadamer)와 리쾨르(Paul Ricoeur)라는 유명한 사람이 있습니다. 뭐, 이름을 굳이 외울 필요는 없지만, 그래도 그들이 한 말은 그럴싸합니다.

그들은 "하나의 문학작품을 읽는 것은 작품 속에서 작가가 말하고자 하는 것을 찾아내는 것이 아니라 작품 자체가 말하는 것을 읽어내는 작업"이라고 말하죠. 작가의 의도가 아니라 작품의 의도라니? 얼핏 보면 별다른 차이가 없는 말장난처럼 보이지만, 이 둘 사이에는 생각보다 큰 차이가 있습니다.

결론부터 말하자면, '책은 객체가 아니라 주체'여야 하기 때문입니다.

한 권의 책은 수많은 기호(앞에서 해석학의 대가들로 설명했기 때문에 그에 맞춰 '기호 Sign이라고 설명하겠습니다)들로 이루어져 있죠. 수많은 낱말, 문장, 그래프, 도표, 이미지, 선 등이 모여 하나의 일관된 이야기를 하는 것이 바로 책입니다. 쉽게 말하자면 '복합체' 같은 거랄까요? 이것저것 상당히 복잡한 것들이 모여서 만들어졌다는 말입니다. 이렇게 복잡한 것들이 모여 만들어졌으니 책은 어떻게 될까요? 당연한 동어반복처럼 들릴지도 모르겠지만, 상당히 복잡한 작용을 합니다.

그렇기 때문에 책을 고정된 어떤 누군가의 것, 즉 소유물이나 객체라고 말하는 순간, 우리는 이 복합체들이 외부와 접촉하면서 만들어내는 다양성을 무시하게 됩니다. 그 누군가가 비록 저자라고 해도 말이죠. 그래서 책은 이미 스스로 작용하거나 행동할 수 있는 살아있는 것, 즉 '주체' 여야 합니다. 저자의 의도에서 '탈출'하는 것이죠.

책은 이처럼 무한하게 확장 가능한 재료들의 집합체, 복합체입니다. 이것을 철학자라면 '질료다양체'라고 표현할 수도 있고, 아니면 뭔가 또 다른 그럴싸한 말을 만들어낼 수도 있겠지만, 그것이 질료든 재료든 아니면 볼트 너트든 그런 것은 아무런 상관이 없습니다.

중요한 것은 책이 끝없이 다른 것들과 관계하고 연결되며 무한히 확대되고 재생산된다는 점입니다. 뭐랄까, 무슨 포자가 번식하는 것처럼 무한히 증식하는 겁니다. 그러므로 책을 저자의 의도대로 읽지 못했다고, 상심할 필요도 죄책감을 가질 필요도 없습니다. 요컨대 중요한 것은 하나. '나'에게 어떤 의미, 어떤 쓸모를 가지는가 하는 점이죠. 그런 의미에서 우리도 작가의 의도보다는 책의 의도로 책을 읽어 봅시다.

Hello, Stranger

우리 사회에는 언제나 이방인이 찾아옵니다. 방문하지 않으면 우리 스스로가 이방인을 만들어내기도 하죠. 이런 이방인의 메커니즘이 어떻게 작용하는지 한 번 살펴봅시다.

이방인(이것이 꼭 사람일 필요는 없습니다)이 어떤 공동체를 방문할 때 그는 먼저 하나의 균열이 됩니다. 난데없이 찾아온 이 낯선 존재를 어떻게 받아들여야 하는가 하는 난감한 물음이 공동체 내부의 어떤 균열을 만들어내는 것입니다. 보통 이런 균열은 '질문'이라는 형식으로 나타나죠. "어라? 저건 뭐지?"라는 궁금증이 생기는 겁니다.

그러나 공동체는 이런 질문과 정확히 대면하는 데 실패할 수밖에 없습니다. 타자의 낯섦은 이상한 것으로 여겨지기 때문에, 그들의 평범한 행동도 위협적인 것으로 오해되기 쉽죠. 사진기를 처음 본 사람들이 사진에 찍히면 영혼을 도둑맞는다고 생각했던 것도 비슷하겠습니다. '낯섦'은 보통 사람들에게 '위험'의 다른 말이죠. 이것이 두 번째 단계입니다.

그리고서 세 번째는 결론 혹은 진실의 단계입니다. 질문을 오해한 공동체는 필연적으로 오답을 내놓을 수밖에 없습니다. 이 과정은 잠시 후에 자세히 적겠습니다. 그리고 그 과정에서 이방인은 제거되거나 추방되죠. 공동체는 곧 이방인이 남기고 간 균열을 통해 그동안 자신들이 숨겨온,

그리고 외면해온 진실을 목격하게 됩니다. 하지만, 다시는 이방인이 방문하기 이전의 상태로는 돌아갈 수 없죠. 마치 외도한 연인을 예전과 똑같은 눈으로 보지 못하는 것과도 같죠.

역사적으로 위대한 성인들의 삶은 보통 이런 이방인의 삶이었습니다. 견고하게 굳은, 말 그대로 정체되어 끝없이 곪아가는 공동체에 균열을 만들어 고름을 짜내는 역할을 했던 사람들이죠. 하지만, 보통 이런 성인들은 공동체에 의해 살해당합니다. 공동체가 그들을 오해하고 제거, 추방하는 것이죠. 정체된 사회를 뒤흔들었기 때문입니다. 그들의 존재가 원래 공동체의 위정자들에게는 위협적이었기 때문입니다.

이 과정을 좀 더 자세히 살펴봅시다.

1) 이방인의 방문: 질문

이방인은 먼저 신발 안으로 들어온 모래알처럼, 닮음(=공통점)으로 묶인 존재들의 집단인 공동체에 불편함을 가져옵니다. 이방인의 다름, 즉 '차이'는, 하나의 '닮음'으로 견고하게 구성된 공동체에서는 당연시되었던 것들이 틀릴 수도 있다는 '의심'을 가져오죠. '같은 존재'들을 자각하게 만드는 겁니다. 이것은 곧 공동체를 묶고 있는 제도의 균열을 의미하죠.

그런데 이런 제도의 균열은 공동체의 구심점이 되었던 '닮음'과 외부와의 차이를 없애거나 희미하게 만들어 버립니다. 일반적으로 질문을 받기 이전의 공동체는 다른 공동체나 개인과의 차이를 통해 결속력을 다지고 그것을 중심으로 위계질서를 구축하고 있습니다. 예를 들자면, 종교 공동체는 믿지 않는 사람들과 '믿음'이라는 차이이자 공통점으로 결속한 집단이죠. 불신자들과는 '다르게' 자신들은 믿음이 있는 집단이라는 것이 그들의 정체성(=닮음)이 되는 것입니다. 여기에 무신론자의 난입은 그들에게 "신이 없을 수도 있지 않을까?"라는 '의심', 즉 '질문'을 던지게 만드는 하나의 사건이 되는 겁니다. 너무나 당연하게 믿었던 것들이 누군가에게는 당연하지 않을 수도 있음을 알게 되는 것이죠.

여기에는 차별화의 원칙이 토양처럼 깔려있습니다. 모든 개인은 자신이 타인들과는 '다르게' 훨씬 더 복잡하고 특별한 존재라고 생각하고, 또 그 '차이'가 합법적이고 필수적이며, 그러므로 정당하다고 여깁니다. 나는 다른 사람들과는 다르게 복잡하고 미묘한 감정을 가지고 사유하는 존재이기 때문에 세상 사람들은 나를 이해하지 못한다고 여기는 것이죠. 이런 개인의 성향은 문화에서도 마찬가지로 작용합니다. 자신들의 문화를 타문화와 다를 뿐 아니라 모든 문화 중에서 가장 특별하다고 여기는 것입니다. 모든

문화는 그 구성원인 각 개인에게서 '차이'의 감정을 그대로
이어받고 있기 때문이죠. 즉 자문화 우월주의입니다. 우리
의 역사는 어떻고, 우리 민족은 다른 민족보다 우월하고,
우리 집단은 다른 집단보다 탁월하다고 생각하는 것이죠.
뭐, 실제로 우월할 수도 있고 아닐 수도 있지만, 공동체에
는 예외 없이 이런 선민의식이 깔려있습니다.

이렇게 어떤 공통점이나 닮음의 구심점으로 모여 자신
들만의 차별성, 우월성을 선점한 공동체들은 자신들 안에
서 자기들끼리 위계질서를 형성합니다. 공동체 안에서 각
각의 구성원들은 구심점에 가까이 있거나 많이 닮은 사람
으로부터, 가장 멀거나 적게 닮은 사람까지 나란히나란히
줄지어 서 있습니다. 물론, 공동체마다 그 위계질서가 정
치적인 이유나 다른 어떤 이유로 정해지는 것처럼 보일지
도 모르겠지만, 모든 위계질서의 근본적인 메커니즘은 그
공동체의 구심점에 얼마나 가까이 다가갔느냐입니다.

그런데 이방인이란, 그 체제 안에서 보자면 자기 체제가
가지고 있는 차별성, 즉 외부나 타자와는 차별화되어 있
을 수 있는 가능성을 파괴하는 존재입니다. 이방인은 공동
체가 자신들의 차별화를 보장해 주었던 바로 그 특수성을
파괴하는 이물질의 난입인 셈이죠. 그럼으로써 공동체에
게, 자신들이 원래의 방법으로는 존속할 수 없을지도 모른
다는 위기감을 갖게 만듭니다. 이것이 이방인이 공동체에

던지는 질문, 즉 '같음'에 '다름'을 심어 놓는 행위, 균열이
죠. 앞서 예를 든 종교적 공동체에게는 '진리에 대한 믿음'
이 차별성이자 공통점이었는데, 이방인은 이것 자체가 무
의미할 수도 있다는 것을 말해주는 존재가 되는 것입니다.
학력으로 예를 들어도 마찬가지고, 경제적 능력으로 예를
들어도 마찬가집니다. 그것들로 뭉친 사람들은 그것에 얽
매이지 않는 사람들을 견디지 못하죠. 자신들의 구심점을
파괴하기 때문입니다. 그렇기 때문에 자기와 다른 사람들
을 죽어라고 배척하는 것입니다. 자신들이 가진 가치가 아
무짝에도 쓸모없는 것이 될 수도 있다는 불안감 때문이죠.

2) 이해의 실패: 오해

이런 질문을 받게 되면 공동체는 처음에 이방인을 이해
해보려 하지만, 실패합니다. 사실, 이방인이 공동체에 받
아들여졌다면 그것은 이미 이방인이 개종하였거나 변심했
다는 의미이기 때문에 이방인은 애당초 받아들여지지 않
는 대상을 지칭하는 말일 수도 있습니다. 받아들여지지 않
는 것만이 이방인이고, 그러므로 그것이 이방인이라면 공
동체는 이 이물질을 받아들일 수 없다는 결론에 이르는 것
이죠. 그런데 아이러니하게도 이런 이방인의 특성 때문에
사회에는 반드시 이방인이 필요하기도 합니다. 이것은 차
이와 공동체가 상호보완적으로 작용하기 때문입니다. 우

리가 고민해야 할 지점이 바로 여기, "어떻게 하면 이방인을 이방인 그대로 수용할 수 있을까?"하는 문제 인식이죠.

공동체, 즉 하나의 구심점을 기준으로 '닮음'을 통해 모인 집단은 그 자체로서 '차이'의 다른 말입니다. 차이도 공통점도 없는 무정형의 어떤 상태, 혼돈의 상태에서는 공동체도 이방인도 없죠. 여기에서 어떤 무언가가, 그것이 무엇으로든 이해되고 인식되기 위해서는 가장 먼저 다른 것들과 차이를 만들어야 합니다.

예컨대 아무것도 없는 하얀 도화지가 있다고 상상해봅시다. 이 하얀 도화지가 공동체가 구성되지 않은 원시적 상태라면, 거기에 공동체가 구성되기 위해서는 연필로 무언가를 그려야 합니다. 가령 원이라는 공동체가 생길 수 있는 조건은 연필로 그어진 동그란 선이 있어야 하는데, 이 테두리는 도화지 안에 있으면서도 그 안에서 외부와 내부를 구분 짓는 '차이'입니다. 이 '차이'가 곧 공동체(=원)의 존재 조건이 되는 셈이죠. 그러므로 '닮음'은 사실 '차이'가 있어야만 성립됩니다. 그래서 모든 공동체에서는 희생양, 왕따, 이방인 등 자신들과 다른 존재들을 필요로 합니다. 어떤 소수의 집단이나 사람을 '우리와 다른 것'(=차이)으로 설정함으로써 나머지 사람들이 구심점으로 더욱 강력하게 뭉친, 즉 '우리와 같은 것'(=닮음)이 되기 때문입니다. 소수의 비정상을 만들면 나머지 사람들은 자신들이 정상이 될 수 있기 때문입니다.

이처럼 '차이'는 '닮음'의 존재방식이며, 동시에 그 닮음을 위협하는 것이기도 합니다. 그래서 공동체의 닮음은 차이와 근본적으로 양립할 수밖에 없으며, 끊임없이 차이를 부정할 수밖에 없죠. 그러므로 거꾸로 생각해 보자면, '차이-이방인'이라는 인식이 있기 때문에 공동체가 성립되고, '차이-이방인'은 그것이 차이인 이상 공동체와 같아질 수 없고, 계속 질문을 던지는 역할을 할 수밖에 없습니다. 그러므로 공동체는 이방인을 받아들이지 못하고, 심지어 계속 생산해야만 합니다. 학교에서 왕따를 당하던 아이가 전학 가면 새로운 왕따가 생기는 것과 비슷할 수도 있겠습니다.

3) 오답노트: 재생산

마지막 단계는 오답노트 단계입니다. 이렇게 이방인이 된 존재는 어떻게든 처리가 되어야 하는데, 결국 이방인의 고유한 특징을 상실하고 흡수되거나, 아니면 추방되거나 처단될 수밖에 없습니다. 하지만 '나'는 '너' 없이 존재할 수 없는 것처럼, 공동체가 '닮음'으로 집단을 구성하고 있는 한 이방인은 영원히 재생산될 수밖에 없습니다. 영화 속에서 악당이 계속 등장해야 주인공이 실직자가 되지 않는 것처럼 말이죠. 그리고 그렇게 균열이 생긴 공동체는 그 균열 자체가 존재의 방식이기 때문에, 상처가 아물어도 흉터는 남아있는 것처럼, 아직 사랑을 해보지 못한 소년 이 사랑을 하고 이별을 겪은 후에는 아무리 아파도 그녀를 망각할 수 없는 것처럼, 잃어버린 어린 시절로 다시 돌아 갈 수 없는 것처럼, 다시 예전으로 돌아갈 수 없습니다. 영 웅이 등장하는 영화를 보면 항상 처음에는 영웅을 알아보 지 못했다가 영웅이 희생되고 나서야 비로소 후회하는 장 면이 나오는 것과 비슷합니다. 영웅이 자신들에게 필요했 던 사람이라는 것을 알게 되지만, 영웅은 이미 떠난 이후 이죠.

이방인이 될 수밖에 없는 사람들: 소수자

그렇다면 어떤 사람들이 이방인이 되는 걸까요? 희생될 수밖에 없는 사람들은 소수자들입니다. 역사적으로 다수 의 관심과 표적이 되는 것은 언제나 소수들이었죠. 거의 모든 문명권에서 소수 민족은 언제나 박해를 받아왔는데, 바로 여기에 희생양의 선택 기준이 있습니다.

소수자들, 혹은 너무나 독특해서 닮음으로 묶이지 않는 '개별자'들을 차별하지 않은 사회는 거의 없습니다. 오늘날 에도 이집트에서는 기독교도가 박해를 받고 있고, 미얀마 의 로힝가(rohingya)족도 14만 명이 쫓겨나고 수백 명이 사망했죠. 파키스탄에서도 종파분쟁으로 시아파 무슬림 수백 명이 살해당했고, 교회 폭탄 테러로 크리스천 수십 명이 사망하기도 했습니다. 그리고 지금 이 순간에도 가자지구(Gaza Strip)의 사람들이 희생되고 있습니다.

종교적인 기준 외에 육체적인 소수자들도 있습니다. 전염성이 전혀 없다는 것이 밝혀진 지 오랜 세월이 흘렀음에도 소록도는 아직 남아있고, 동성애자, 선천적 기형, 후천적 장애인들도 여전히 박해의 희생양이 되고 있습니다. 이런 소수자들이 공동체에 무슨 직접적인 피해를 주었는가 하면, 딱히 그런 것도 없습니다. 그들은 사회의 공익에 별다른 해를 끼치지 않음에도 불구하고 차별대우와 희생양이 되고 있습니다. 반대의 입장에서는 그들이 이런저런 피해를 준다고 하지만, 고작 그 정도 피해를 주는 존재들은 차고 넘치죠. 당장 그 말을 하는 그들부터가 더 많은 피해를 주는 경우가 많습니다. 세상 어디에도 아무런 피해를 주지 않고 사는 사람은 없죠.

또한 문제가 되는 것은 박해의 원인과 결과가 뒤바뀐 채 악의적으로 사용되는 경우가 많다는 점입니다. 예를 들어 어떤 대상을 희생양으로 선택했다면, 그들이 가장 먼저 하는 것은 대상을 장애를 가졌거나 기형인 것처럼 만들어 사람들의 부정적인 시선을 집중시키는 것입니다. 표적이 된 대상들은 거의 모든 만평이나 대자보 같은 곳에서 장애인이나 꼽추로 표현되거나 혹은 쥐나 닭, 돼지 등 동물로 묘사됩니다. 사실 여부야 어쨌든 거의 모든 코미디에서도 정신적으로나 육체적으로 장애를 가진 사람들이 희화나 공격의 대상이 됩니다. 그리고 이런 과정에서 어떤 사고방식이 고착되죠. 바로 "나쁜 사람은 외형적으로 기형이고, 그러므로 기형이나 비정상은 비도덕하다"라는 결론입니다. 그동안 의심해볼 겨를도 없이 학습 받은 이런 사고방식은 우리의 무의식 속에 남아 있기 때문에 소수자들을 대면할 때 여실히 드러납니다. 직업적으로 거친 외모를 가질 수밖에 없는 사람들이나, 외형적, 성적, 인종적 소수자들을 비도덕한 집단으로 만들어 버리는 것이죠. 그저 그렇게 생겼거나, 그렇게 태어난 것 외에는 아무런 다른 점이 없는 그들을 말이죠. 아무런 근거도, 논리도 없는 '직감'이나 '느낌'만으로 그들을 판단하고 단죄하기도 합니다.

이러한 사회적 비정상의 기준을 정하는 것은 어떤 특별한 사람들이 아닙니다. 막대한 권력을 가진 자나, 지식을 가진 자, 즉 소위 상류층이라고 여겨지는 집단일 거라고 생각되겠지만, 사실 우리 '보통사람'들인 경우가 많습니다. '상식적인', '평범한', '보편적인' 등등의 수식어를 붙이는 사람들이 그런 역할을 수행하죠. 그래서 사회적 평균(대부분의 경우 이 '평균'은 '정상'이라는 의미를 가집니다)에서 어떤 방향으로든 멀어질수록 박해받을 위험은 그만큼 더 커집니다.

역사적으로 보나 지금의 우리 주위를 둘러보나 박해를 받는 사람들이 꼭 장애를 가진 사람들이거나 가난한 사람들만은 아닙니다. 가끔은 부자나 강자, 지나치게 아름답거나 지나치게 성공한 사람, 필요 이상으로 경이롭거나 거부감을 유발하는 힘을 가진 사람 등도 결국 모두 다수집단의 분노를 자극하죠. 우리가 언제나 영화를 보면서 느꼈던 답답함, 즉 슈퍼맨과 같은 초인들이 어째서 그렇게 정체를 숨기려고 하는지, 나라면 오히려 자랑하고 다닐 텐데 라며 답답해하는 것은 바로 이런 이유에서입니다. 영화에서 말하는 평범한 삶의 의미는 생각보다 잔인한 것이죠.

이런 특권층의 사람들, 부자나 정치가, 아름답거나 강한 힘을 가진 사람들은 공동체가 흔들릴 때, 그럼으로써 사회 규칙이 와해되었을 때 무척 높은 확률로 희생양이 될 가능성이 있습니다. 실제로 최근 우리 사회에서도 이런 사례를 심심치 않게 찾아볼 수 있습니다. 퇴임한 최고 권력자나, 사소한 잘못을 했던 연예인 등이 돌이킬 수 없는 나락으로 떨어지기도 하죠. 혼돈이 아닌 사회에서도 그런 일은 종종 발생하는 것입니다.

물론, 현대 사회에서는 이런 주장이 허무맹랑한 것으로 들릴 만큼, 권력을 가진 자들의 힘이 막강합니다. 절대로 그런 일은 일어나지 않을 것 같죠. 하지만 그러한 인식, 즉 '절대로 그런 일이 일어나지 않을 것 같다'는 인식이 바로 이 사회를 견고하게 유지하는 시스템 중 하나이기도 합니다. 부자나 권력을 가진 사람들은 공동체가 감당할 수도, 이겨낼 수도, 추방할 수도 없는 어떤 강력한 이방인이 나타나 공동체의 규칙이 완전히 무너지게 된다면, 가장 먼저 자신들이 표적이 될 거라는 사실을 너무나 명확히 알고 있습니다. 프랑스 혁명도 어쩌면 그 좋은 예일 수 있죠. 아무튼 그렇기 때문에 그들은 더욱 필사적으로 이방인을 비정상적인 것으로, 그리고 비도덕적인 것으로 끌어내리려 합니다. 그러한 과정이 만들어낸 것이 '절대로 그런 일이 일어나지 않을 것 같다'라는 인식이죠. '절대로 그런 일이 일어나지 않을 것 같다'라는 인식은 사람을 무력하게 만들기 때문입니다. '계란으로 바위치기'라는 말이 그 좋은 예죠. 우리 사회에서 계란으로 바위를 치는 사람은 비정상적인 사람이라고 생각됩니다. 예를 들어 학력 사회에 저항하여 학교를 뛰쳐나온 학생이라든가, 자본주의에 저항하여 취직 대신 다른 방식의 삶을 사는 사람이라든가, 권력에 대항하여 불가능한 혁명을 꿈꾸는 사람들을 우리는 미친 사람이거나, 바보라고 평가하죠. 말하자면 '절대로 그런 일이 일어나지 않을 것 같'기 때문에 '도전은 미친 짓이다'가 되어버리는 것이죠. 그러므로 그렇게 균열을 만드는 사람이 되지 말라고, 이방인이 되지 말라고 강제하는 것이 그런 시스템입니다. 이러한 과정은 부자나 강자들이 자신이

속한 사회에서 '인간의 이데아'를 구축해 가는 과정입니다. 그들이 세운 '인간의 이데아'란? 두말할 나위 없이 자신들 이죠. 말하자면, 부자(돈)나 권력자(권력)는 정상적인 인간 이라면 당연히 추구해야 하는 '인간의 이데아'이기 때문에 너희들도 학교를 다니고, 취업하고, 나대지 말고, 시스템 에 순응하며, 시스템 속에서, 시스템이 제공하는 삶의 모 델을 따라가라는 겁니다. 시스템을 유지하고 강화시키기 위해 숨겨진 또 하나의 시스템이죠.

이런 시스템에 이방인이 들어와 균열을 만들어 내고, 그 로 하여금 그 시스템이 무너지게 되면, 부자나 강자들도 공격의 대상이 됩니다. 자신들이 행했던 폭력과 착취를 고 스란히 당하게 되는 것이죠.

그러니 소수자가 된 부자나 강자를 향한 폭력이 가능하 게 됩니다. 위기 시기에는 그들에게 집중되는 폭력이 정당 화될 여지가 많기 때문입니다. 그들이 행사하던 바로 그 영향력과 기존의 착취 때문에 다수의 폭력이 성스러운 반 항으로 합리화하고, 사람들은 이런 정당성을 획득할 수 있 게 되는 것이죠. "좋은 폭력으로 나쁜 폭력을 막았다"라고 말이죠.

하나의 희생양, 즉 소수자를 희생시킴으로써 다수를 보 호하는 것, 동물로 인간을 대신하고, 좋은 폭력으로 나쁜 폭력을 대신하는 이 희생양 메커니즘은 너무나도 경제적인 사회 시스템으로 여겨집니다. 작은 것보다야 큰 게, 적은 것보다는 많은 게 낫다는 경제적인 선택이라고 생각하는 겁니다. '합리적'이고 '경제적'인 이 시스템은 당연히 사용되어야 하고, 그러므로 시스템을 위협하거나 원활히 돌아가지 못하게 만드는 이물질인 이방인, 즉 소수의 희생양은 추방되거나 없어져야만 한다고, 우리는 배워왔죠.

하지만 그렇게 치워버리고, 치워버리고, 치워버려서 결국엔 자기 빼고 모든 것을 치워버림으로써, 우리는 모두가 외로운, 모두가 혼자인 이방인의 세상이 된다는 것은 배우지 못했습니다.

다름이 틀림이 아니라는 것을, '말'로써 배우기는 했지만, 그렇게 사는 법은 배우지 못했던 것이죠. 또한 너무나 게을러서 우리는 그 이방인들을 하나하나 자세히 보지 못하고 그저 편리하게 '이런 사람', '저런 사람'으로 규정지어 몰아내 버리는 경우가 많습니다. 그게 합리적이고 효율적이라고 생각하니까요.

그런데 더 큰 문제는 그러한 희생양 이론을 급기야 우리 자신에게도 부메랑처럼 적용시켜 버린다는 점입니다. 자신 또한 그런 평균적인 삶, 정답의 삶을 살지 못했다며 스스로에게 폭력을 가하는 삶을 사는 겁니다. 평범한 가정을 위해, 정상적인 체중을 위해, 가열차게 자신을 몰아갑니

다. 그렇지 않았다가는 자신이 소수자가 되어 버리기 때문
이죠. 그리고 혹시나 어쩔 수 없이 자신이 소수자가 되어버
렸다면, 끊임없는 자기학대와 자기부정을 합니다. '이방인',
'소수자'가 되어서는 안 된다고 너무 당연하게 배워왔기 때
문에 정상의 틀에서 벗어나지 않기 위해 안간힘을 쓰며 자
신을 괴롭히는 겁니다. 이처럼 노력하며 자기 자신을 괴롭
히는 생명체도 인간 외에는 없지 않을까 싶기도 합니다.

카뮈는 소설가이기 때문에 《이방인》을 통해 우리가 이
방인을 어떻게 대해야 하는지에 대해 말하진 않습니다. 소
설가는 질문을 던지는 사람이지 정답을 주는 사람이 아니
죠. 그런 의미에서 어쩌면 소설가 자신이 이방인일 수도
있습니다. 견고하게 굳은 이 사회에 균열을 일으키려 질문
을 던지는 사람이기 때문이죠.
그리고 우리는 그렇게 질문을 던져주는 사람들로 인해
조금 더 이해의 폭을 넓혀 나가게 되는 것이죠.

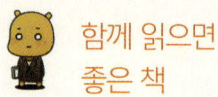

《폭력과 성스러움》,《희생양》

프랑스의 사회학자 르네 지라르는 우리의 일상과 모든 사회의 종교적, 문화적 활동의 기초를 이루고 있는 것이 희생양 메커니즘이라고 《폭력과 성스러움》에서 말합니다. 희생양 메커니즘은 하나의 희생양으로 가능한 모든 희생양들을 대신하는 것으로써, 폭력을 정당화하는 수단이죠. 그래서 신화나 전설의 희생양들은 사실 신에게 봉헌되는 것이 아니라 거대한, 그리고 정당화된 폭력에 바쳐지는 것입니다. 이런 희생양 메커니즘을 인류학적 관점에서 쓴 그의 첫 번째 책이 바로 《폭력과 성스러움》입니다. 아쉽게도 민음사에서 번역된 《폭력과 성스러움》은 그다지 좋은 번역이 아닙니다. 오역이 꽤 많죠. 하지만 아직까지 새로 번역된 책이 없기에 원서를 읽지 않는 한은 대안이 없어서 안타깝습니다.

그리고 《폭력과 성스러움》을 더욱 심화한 두 번째 책이 바로 《희생양》입니다. 르네 지라르는 이 책에서 여러 가지 신화와 전설 등의 문화적 원형에 녹아 있는 희생양 메커니즘을 분석합니다. 당연한 이야기이지만, 신화나 전설에 희생양을 사용한 의식이 있다는 말은 그 기록이 사실 희생양을 희생시킨 박해자의 시각이라는 의미입니다. 희생된 자들은 기록을 남길 수 없기 때문이죠. 즉 우리가 접하는 거의 모든 신화는 정복의 신화와 전설, 그리고 기록들은 모두 '박해의 텍스트'일 수밖에 없습니다. 그렇기 때문에 이런 기록에서 정복자들의 흔적을 정확히 찾아내는 것이 그런 기록들에 대한 진정한 해석이며, 희생당했던 존재들에 대한 이해죠. 르네 지라르의 《희생양》은 그러한 작업을 무척 잘한 책입니다. 그는 도발적이기까지 한 글로 희생양을 이해하려고 노력하고 있습니다.

2부
그러
니까
어쩌
라고

키르케고르
1813-1855

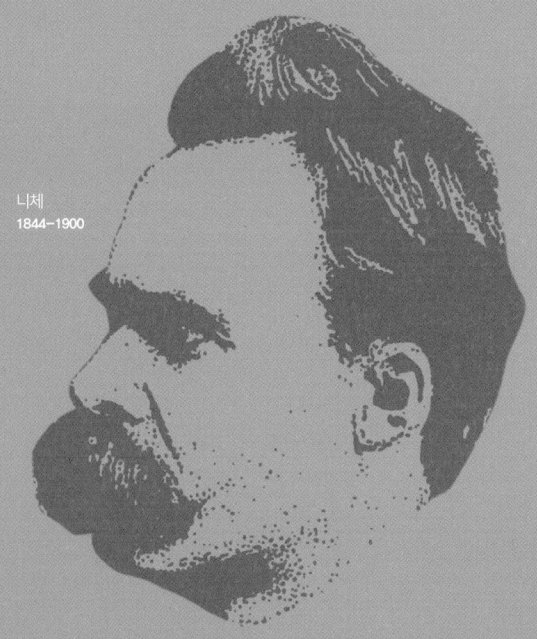

니체
1844-1900

04

자기의
과제

내가
사는
세상

인문학?

하나

그래!
바로 이거야!!

1주일 뒤...

......

뭔 소리야..

1년 후...

내가
사는
세상

나의 철학

둘

중학교 때든 고등학교 때든, 일생을 통틀어 학교에 적응을 잘했던 때가 거의 없었는데...

그건 대학에 가서도 마찬가지였다.

외계어를 구사하는 교수님들이나,

어마어마한 음주 생활...

선동렬 방어율 급의
학점...

게다가 알 수 없는
현대미술...

*이우환 <조응>

뭐 내가 무식해서 그런
것이 대부분이었지만...
이런 것 중에서도 가장
나를 괴롭혔던 것은...

도무지 나로서는 납득이
가지 않았던 수업내용들
이었다.

아무튼 그랬는데...
그런 와중에도 특별히
잘했던 과목이 있었으니...

하나는...
〈결혼과 성〉이라는
수업과,

〈교양 철학〉이라는 수업
이었다.

철학이 뭐냐?
거기 너! 말해봐.

〈결혼과 성〉이야 그렇다
치고, 철학 수업의 성적
이 좋았던 이유는 첫날
교수님이 했던 말씀
때문이었다.

첫날부터 재수 없게
걸린 나는...

당연히 아무 대답도 못
했다.

잠시 대답을 기다리던
교수님은 결국 나에게선
대답이 나올 것 같지
않다고 판단하셨는지,
곧 스스로 말씀하셨다.

내가
사는
세상

키르케고르

셋

키르케고르
(Soren Kierkegaard)
1813~1855

실존주의 철학자

물론 이건 교수님만의
생각은 아니다. 여기
그때의 교수님과 비슷한
말을 했던 사람이 있다.

물론.. 이렇게
놀지는 않았다.

1835년 8월 14일.
북부해변 지역에서 휴양을
보내던 22세의
키르케고르는...

무

한

먹고

마시고

싸고

자고

반

복

어느 날 향락의 무한
반복에서 내려와...
자신의 일기를
남기기 시작하는데...

247

그것은 훗날 그의 철학적
삶의 방향타가 되었다.
이건... 키르케고르의
표현에 따르자면 "깊이를
헤아릴 수 없는
쾌락의 바다"라지만...

...정도 수준의, 내 기준에
서 봤을 때는 그다지
방탕하지도, 쾌락적이지
도 않았던 그가 진실로
자신에게 있어 필요한
것을 찾아가기 위한
내비게이션 같았다.

아무튼 이때 그가 쓴
글은...

그에게 있어
진짜 진리란,
오직 한 개인의 삶을
변화시킬 수 있는 진리를
의미했다.

이런 식으로 논리만을
앞세우는 입에 발린
말이나...

...따위의 남이 한 이야기
가 아니라...

...라는 것이다.
그럼으로써 '칸트의
철학'도, '플라톤의 철학'
도 아닌, '지금', '나'의
철학을 할 수 있어야
한다는 말이다.

내가 하는 인문학
자기의 과제

자기의 과제

키르케고르인지, 키에르케고르인지 이름이 항상 헷갈리는 키르케고르는 20대 초반 무렵 자신의 노트에 여러 가지를 끄적이기 시작합니다. 그런데 거기 써 놓은 글들이 지금으로 치자면, 사실 SNS에나 올릴 법한 감정 과잉의 허세 글이었죠. 22살 무렵의 청년이 "*자신에게 진리인 진리를 찾는 것, 그 진리를 위해서라면 기꺼이 살고 또 죽을 수 있는 그런 이념을 찾는 것*"이 삶의 목적이라고 써 놓는다거나, "*자신은 이제 고요한 가운데 자기 자신을 바라보고 훨씬 심오한 의미에서의 자신을 찾겠다*"거나, "*이제 루비콘 강을 건넜으니 자신은 돌이킬 수 없고, 그러므로 포기하지 않는다*"[1]거나 하는 글들이 구구절절 잘도 쓰여 있습니다. 어떻게 보면 우리가 철학자라고 생각하거나 위대한 작가, 사상가, 시인이라고 생각하는 사람들은 죽을 때까지 사춘

---

1. 존 D. 카푸토, 《How to read 키르케고르》, 임규정 옮김, 웅진지식하우스, 2008년, 19~21쪽.

기적 감정 과잉을 벗어나지 못한, 현대식으로 말하자면 현
실적이지 못한 사람일지도 모르겠습니다. 아마 요즘처럼
SNS가 활발한 시기였다면 엄청나게 캡쳐 돼서 '무슨 무슨
굴욕 시리즈'나 '허세 시리즈'쯤으로 광대한 인터넷을 떠돌
고 있을 지도 모를 일입니다.

그럼에도 우리가 그들의 말과 글에서 무언가를 발견하
고 끝임없이 재생산해가는 것은 그들이 어쨌든 끝까지 자
신이 한 말을 일관성 있게 주장하였기 때문일 것입니다.
그것도 무척 그럴싸하게 말이죠. 쉽게 이야기해 보자면,
결국 자신의 철학을 죽을 때까지 말이 되게끔 밀고 나간
것이 그들이고, 그 과정에서 이런저런 반대 의견이나 비판
이 있었겠지만, 그것을 모두 물리친 것들이, 우리가 보는
고전입니다. 그래서 고전은 시쳇말로 '말발'이 세죠.

이런 고전을 쓴 작가 중에서는 아이러니하게도 자신은
전혀 그렇게 살지 않았음에도 글은 그럴싸하게 쓴 사람이
있는가 하면, 글과 삶의 방식이 (완벽히는 아니지만) 똑같았던
사람도 있습니다. 전자의 경우에는 루소(Jean-Jacques Rousseau)
나 헤겔(Georg Wilhelm Friedrich Hegel) 같은 사람이 있을 테고,
후자의 경우에는 소크라테스나 지금 언급할 키르케고르가
있습니다.

키르케고르는 철학을 말로만 한 것이 아니라, 그것을 삶

의 방식으로 삼아 살아갔던 사람입니다. 이것은 어쩌면 그의 철학이 실존주의의 성향을 띠었기 때문이겠죠.

그런데 키르케고르의 실존철학을 설명하기 전에 잠시 '~주의'에 대해 설명해 보도록 하겠습니다. OO주의, XX주의, 즉 단어 끝에 ~이즘(~ism)이라는 말이 붙은 것은 쉽게 '그것으로 세상을 설명하려는 집단의 이론' 정도로 생각하면 됩니다. 물론 그 '주의'에 속한 사람 중에는 자신들이 그 이론의 주의자가 아니라고 극구 부인하는 사람도 많습니다. 예를 들면 자신은 구조주의자가 아니라고 그렇게 우겼던 미셸 푸코처럼 말이죠. 아무튼 그러니까, 구조주의는 세상의 모든 것이 구조로 이루어졌다고 생각하는 것이고, 합리주의는 모든 것을 합리적으로 생각해 보자는 겁니다.

그러므로 실존주의는 세상의 모든 것은 실존만이 최고라는 것이죠. 실존, 즉 '실제로 존재함'이 세상을 이루는 것이라는 말입니다. 사르트르가 "실존이 본질에 앞선다"라고 말했던 것처럼, 세상에는 여하한 인간의 본질이 있고 그것대로 인간이 만들어진 것이 아니라, 우선 태어나는 것, 실존하는 것이 먼저이고, 그다음에 본질이니 뭐니 끼워 맞췄다는 것이 사르트르의 생각이죠. 그래서 사르트르의 이론 속에서는 '신'이나 '초월적 존재'가 발 디딜 틈이 없습니다.

이후에 계속 설명되겠지만, 키르케고르가 이런 실존주

의의 시작 격이었던 인물입니다. 그러다 보니 그에게는 어떤 대단한 이론과 공식과 체계보다 자신의 삶이 먼저일 수밖에 없었죠. 이것은 동시에 키르케고르를 자신이 알고 있는 대로, 즉 실존이 최고라고 알고 있는 대로 실존적으로 살았던 사람이 될 수밖에 없는 메커니즘이기도 합니다.

일련의 과정으로 키르케고르의 철학이 무엇을 위한 것인지를 대략이나마 유추할 수 있게 되는데, 쉽게 말해 그에게 있어서 철학이란, 이론과 지식을 단순히 아는 냉담하고 중립적인 객관성이 아니라 '내'가 '주체적으로' 결단을 내리는 것입니다. 그래서 그는 1835년 8월 2일 자 일기에 이렇게 쓰고 있습니다.

"나에게 진실로 필요한 것은, 내가 알아야 할 바를 명확히 아는 것이 아니라, 내가 해야만 할 것을 정확히 아는 것이지만, 그러나 지식이 모든 행위에 선행하게 마련인 그런 방식으로는 아니다. 그것은 내 운명을 이해하는, 신이 정말로 나에게 하기를 원하는 바를 아는 문제이다. 요는 나에게 진리인 진리를 찾는 것, 내가 그것을 위해 살고 또 죽을 수 있는 그런 이념을 찾는 것이다."[2]

---

2. 존 D. 카푸토 지음, 임규정 옮김, 《How to read 키르케고르》, 웅진지식하우스, 2008년 19쪽.

그런데 재미있는 것은 '나에게 진리인 진리'를 찾는 것은, 그것을 주장함으로써 이미 그는 자신이 추구하고 있는 것을 찾은 셈이 됩니다. 그에게 있어서는 자신의 철학 그대로, 그냥 그렇게 사는 것이 바로 그 목적 그 자체가 되는 것이죠. 물론 좀 더 보완되어야 하지만, 이것은 그야말로 삶과 삶의 목적이 분리되지 않은 삶을 살게 되는 메커니즘입니다.

그러므로 이런 실존주의자 키르케고르에게 있어서 진짜 철학자는 최고로 객관적인 철학자가 아니라 '주체적'인 철학자가 될 수밖에 없습니다. 그에게 있어서 철학은 언제나 삶을 위한 것이어야 했고, 지식은 살아가는 행위에 기초와 기준을 제공해주는 것이어야 했습니다. 그렇지 못한 것은 하등 쓸모가 없는 것이었죠. 그래서 그에게 있어서 철학이나 지식은 당연히 실천으로 옮겨져야 했고, 만약 그렇지 못했다면 그것은 죽은 지식, 쓰레기, 쓸모없는 것이나 마찬가지가 되었습니다. 그래서 지식은 오로지 '나'를 위한 것이어야 되었고, 진리는 '나에게 진리인 진리'여야 했습니다. 예컨대 "소크라테스가 어쩌고저쩌고", "성현 말씀이 이러쿵저러쿵", "OO 박사님이 이러저러했으니" 따위의 말이 아무리 그럴싸해 보여도 내 삶에 도움이 되지 않는다면, 그건 순전히 입에 발린 소리이고 공허한 말일뿐이며, 심지어는 삶의 요구를 회피하기 위한 도구일 뿐이라는 것이죠. 패션피플이라는 사람들이 TV에 나와 패션 공식이 이러니저러니 해도 나에게 어울리는 옷이야말로 가장 좋은 옷인 것처럼, 나에게 맞는 철학, 나의 삶을 변화시키고 고무시키는 '주체적'인 철학이야말로 키르케고르에게는 진짜 철학이었습니다. 이것은 어찌 보면 너무나 당연한 말이지만, 아이러니하게도 이 결론을 이끌어내기까지 2000년 이상이 걸렸습니다. 소크라테스를 제외하곤, 거의 모든 철학자에게 있어서 철학이란, 하나의 '학문'이었지, 삶이 아니었기 때문입니다. 그렇기 때문에 키르케고르의 철학은 진정한 삶의 기술(skill)이 되어야 했죠.

그에게 있어서 삶의 기술이란, 다른 누구도 대신할 수 없는 세상 속에서 무엇을 해야 할지 아는 것을 의미했습니다. 내가 진짜로 원하는 것은 무엇인지, 내가 정말로 행복함을 느끼는 것은 무엇인지, 나는 무엇을 할 때 충만함을 느끼는지 등을 알고, 실제로 그것 그대로 살 수 있는 것이 그가 추구하는 삶의 기술이었죠. 철학 하는 사람의 과제는 우리 삶의 이런 고유함에 관하여 보편적 의미를 그럴싸한 말로 만들어 내는 것일 뿐이라고, 키르케고르는 생각했습니다.

현대 철학자들은 이런 그의 철학적 개념을 '단독성'이라고 부르는데, 그것은 반복할 수 없는 고유한 것, 유일무이

한 독특한 것, 어디에나 있는 것이 아닌 비밀스러운 것, 그
럼으로써 인간 중 하나의 사례로서 존재하는 것이 아니라
그 자체가 그것으로서 의미가 있는 것을 말합니다.[3] 그러
므로 키르케고르의 철학은 단독자(單獨者, Der Einzelne)의 철
학이 됩니다.

　이런 실존적인 진리를 추구하는 과정은 키르케고르를
전혀 철학자답지 않은 철학자로 만들었습니다. 그는 기존
의 철학자들과는 전혀 다른 철학을 하게 되었죠. 키르케고
르는 데카르트처럼 철학을 근원학문으로 생각하여 '사유의

---

3. 키르케고르에게 있어서 중요한 것은 보편적인 것보다 현실적인 것, 개별
적인 것, 개인적인 것이었다. 그래서 키르케고르는 아리스토텔레스가 플라
톤에 맞서 그랬던 것처럼, 헤겔의 보편자에 맞서 《이것이냐, 저것이냐》를 내
세운다. 책의 제목이기도 한 《이것이냐, 저것이냐》는 말 그대로 '보편적인
것'이 아니라 '이것'이나 '저것', 즉 개별자를 말한다. 예컨대 교실 안에 철수
와 영희와 영수가 있을 때 헤겔은 "방안에 세 명의 '사람'이 있다"고 말할 테
지만, 키르케고르는 "방안에 철수와 영희와 영수가 있다"고 말할 것이다. 이
러한 맥락에서 프랑스의 현대 철학자 들뢰즈는 보편성 이전에 개별성이 있
고, 개별자를 가능하게 하는 것이 바로 '차이'라고 말하였다. 그에 따르면 세
상의 모든 것이 공통으로 소유하고 있는 것은 '차이'뿐이다. 우리가 어떤 것
들을 공통점으로 엮고, 무언가를 인식할 때면 패턴화하여 닮음으로 보기 때
문에 세상의 가장 기초 단위가 이데아적인 닮음이라고 생각할 수도 있지만,
이 이데아를 근거하는 것도 '차이'라고 들뢰즈는 말한다. 우리가 무언가를 인
식할 때는 필연적으로 그것을 다른 것들과 구별 지어 인식해야 하기 때문에
가장 밑바탕에 있는 것은 바로 '차이'라는 것이다.

제1원리'를 찾으려 하거나, 플라톤처럼 절대 기준, 절대 진리, 절대 정답을 찾으려 하지도 않았습니다. 그의 철학은 오히려 전혀 철학답지 않은 것이었죠. 어찌 보면 혁명적인 반철학(反哲學)이었습니다. 큰 것이 아닌 작은 것을 보았고, 우리 가운데 가장 낮고 가장 사소하고 제일 뒤처지는 존재들을 향하는 철학이었습니다.

그럼으로써 플라톤이나 데카르트, 칸트나 헤겔처럼 거대한 '철학 체계'를 세운 것이 아니라, 오히려 그들의 '철학 체계'에서 떨어져 나간 개인, 주체적인 존재, 인간적인 존재, 실존적인 존재인 단독자를 향했습니다. 물론, 독실한 신앙인이었던 키르케고르 철학의 동기는 사실 종교적이었으며, 그 단독자는 하느님 앞에서 혼자선 개인이었죠. 그런데 이런 종교적인 신앙심이 철학과 합쳐지다 보니 키르케고르가 보기에는 아무리 교회를 열심히 다니고 믿음이 두텁다고 하는 자들일지라도 그들이 이웃을 사랑하고 있지 않다면, 삶의 매 순간 사랑하고 용서하고 있지 않다면, 사랑하는 삶을 실천하고 있지 않다면, 그 사람은 기독교의 진리 안에 있지 않은 사람이었습니다. 오직 하나님의 말씀대로 삶을 실천하는 사람만이 진짜 기독교인일 수 있는 것이었죠.

키르케고르와 니체

이런 독실한 기독교인인 키르케고르의 철학에서 《안티크리스트》의 저자이자 대표적 반기독교적인 인물인 니체가 나왔다는 것은 아이러니한 일처럼 생각될지도 모르겠습니다. 하지만 자세히 들여다보면 니체의 《안티크리스트》와 키르케고르는 많은 부분 그 맥락을 같이 하기도 합니다. 바로 실존을 공유한다는 점이죠.

니체를 한마디로 요약하기는 불가능합니다. 누군가의 말처럼 니체는 끝을 알 수 없는 광맥과 같은 존재죠. 그 광맥에서 누군가는 금을 찾아낼 테고, 누군가는 다이아몬드를 찾아낼 테고, 또 다른 누군가는 구리를 찾아낼 겁니다. 금을 찾아내는 사람에게 니체는 금광이 되고, 다이아몬드를 찾아내는 사람에게는 다이아몬드 광산이, 구리를 찾아내는 사람에게는 구리 광산이 될 겁니다. 그래서 니체의 철학을 나치의 철학, 우생학, 허무주의라고 해석하는 사람이 있는가 하면, 그와는 정반대의 해석을 하는 사람도 있습니다.

혹은 니체를 고대 도시에 비유하는 사람도 있습니다. 예컨대 우리가 로마에 대해 말할 때 로마를 모른다고 할 수도 없고, 안다고 할 수도 없습니다. 모른다고 하기엔 로마를 '로마'라는 이름이라도 알고 있고, 안다고 하기엔 모르는 부분이 너무 많기 때문이죠. 니체 역시 그런 철학자로 평가되기도 합니다. 니체를 모른다고 하기엔 너무 유명해 졌고, 안다고 하기에는 그 사유가 너무 깊고 묘하죠.

이러면 니체를 내 마음대로 읽어도 된다고 생각할 수 있을 겁니다. 물론, 그런다고 누가 고소하여 법정에 세우지도 않고, 왜 그렇게 읽었느냐며 집단 폭행을 가하지는 않습니다. 다이아몬드를 찾아낼 수 있는 곳에서 구리를 찾아내는 데 그칠 수도 있고, 심지어는 "뭐야 이건? 순 돌덩이밖에 없잖아?"라고 실망하여 돌아갈 수도 있습니다. 그게뭐 꼭 잘못된 건 아니죠. 그러니 니체를 읽을 때도 마찬가지입니다. 어느 쪽을 선택하든 그것은 독자 여러분의 자유입니다. 하지만, 저는 구리보다 다이아몬드를 좀 더 좋아하니까 이왕이면 좀 더 깊게, 잘 이해하여 조금 더 쓸모 있는 것을 가져가고 싶습니다.

그래서 2부에서는 이런 니체의 여러 가지 면모 중 실존적인 부분, 생철학(生哲學)적인 면모를 바탕으로 니체를 보고자 합니다. 그리고 그의 철학을 어디다 써먹을까? 하는 것에 중점을 두어 설명하도록 하겠습니다.

서문에도 언급한 것처럼, 삶에 전혀 쓸모없는 철학을 도대체 왜 해야 하는가 하는 거죠. 여러분이 책을 읽는 것도, 그리고 제가 책을 읽는 것도 다 잘 먹고 잘살자고 하는 일인데 말이죠.

니체는 이런 '쓸모'의 면에서 어떤 철학자보다도 탁월합니다. 실존주의, 허무주의, 엘리트주의, 포스트모더니즘 등등 니체를 표현하는 말이 많고도 많지만, 그래도 가장 유명한 것이 생철학인 것처럼, 말 그대로 삶을 위한, 삶에 의한, 삶의 철학이 바로 니체의 철학이기 때문이죠. 어쩌면 그의 철학에서 삶의 긍정과 삶에 대한 사랑, 운명에 대한 사랑을 빼고는 사실 그다지 볼 게 없을지도 모르겠습니다. 그의 그 대단한 인식론도, 계보학도 전부 하나의 방법일 뿐이죠. 그에게 있어서 목적은 오직 하나.

바로 삶입니다.
제가 이 책을 쓰는 목적과 같죠.

그래서 이 책의 제목은 《내가 사는 세상 내가 하는 인문학》이고, 부제는 '플라톤에서 니체로'입니다. 니체가 했던 모든 말, 즉 그 유명한 신의 죽음도, 권력의지도, 영원회귀도 모두 어떻게든 삶을 좀 더 잘 살아보자고 읽고 배우는 것이죠.

그런데 이때의 삶이란 누구의 삶일까요?

네. 당연히 '나'의 삶입니다. 이제까지의 모든 것들, 즉 플라톤의 말이든 데카르트의 말이든, 니체의 말이든 그것은 아직 그들의 철학일 뿐입니다. 자신들의 삶 속에서 치

열하게 고민하고 다듬어 왔던 것들이긴 하지만, 그게 '나'의 것은 아니죠. 그들의 말이 '내' 삶속에 들어와 '나의' 선택과 고민에 도움을 주었을 때에야 비로소 그들의 말도 가치가 있어지는 것입니다.

이 부분이 이 책의 주제이자 이번 시리즈 전체의 주제입니다. 바로 '내가 사는 세상', 그리고 그 속에서 '내가 하는 인문학'인 것이죠. 그리고 그 다리로써 키르케고르를, 그에게서 태동하는 실존의 개념을 잠시 언급한 것이었습니다.

그러므로 다시 한 번 말하자면, 이 책은 오직 우리의 삶을 긍정하기 위한 철학, 망치로써의 철학, 도구로써의 철학인 니체의 철학과 그것의 사용설명서입니다.

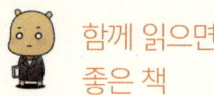

함께 읽으면
좋은 책

《이것이냐, 저것이냐》, 《죽음에 이르는 병》

키르케고르를 지역의 유명인사로 만들었던 《이것이냐, 저것이냐》는 두 권으로 된 방대한 저작입니다. 심미적 실존의 의미와 그 실존이 궁극적으로 실패로 끝나게 되는 이유를 탐구하고 있는 것이 1권입니다. 그리고 심미적 실존의 실패 원인을 말하고 그러니 대안을 제시하는 것이 2권입니다.

《이것이냐, 저것이냐》는 굳이 꼭 처음부터 차근차근 읽을 필요가 없는 책입니다. 1권을 먼저 읽든 2권을 먼저 읽든 상관이 없이, 읽고 나서 공감이 가는 인생관 쪽을 선택하면 됩니다. 물론 심미적이거나 윤리적인 두 인생관 모두에 만족하지 못하고 종교적인 인생관을 지향하는 제3의 인생관을 찾아 떠날 수도 있습니다. 그리고 사실 키르케고르도 책의 말미에서 제3의 인생관인 종교적인 인생관으로 유도하려는 은근한 의도를 암시하고 있습니다.

"이루 말할 수 없이 중요하다"고 키르케고르가 스스로 평가하는 《죽음에 이르는 병》은 절망에 대한 그의 긴 사색의 시간을 함축해 놓은 작품입니다. 키르케고르는 《죽음에 이르는 병》에서 심미주의자 돈 후안, 반성적 심미주의자 요한네스, 윤리적인 인간 빌헬름 등 다양한 삶의 모습을 통해 간접적으로 사람들의 실존과 절망에 대하여 보여줍니다. 또한, 이 책은 키르케고르가 생각하는 '자기'가 매우 정교하게 변증법적이고 실존적으로 설명되어있으며, 영혼의 건강과 그 건강을 위협하는 질병에 대한 은유를 중심으로 구성되어 있습니다. 그 질병이란, 바로 절망이죠.

05

선택

내가
사는
세상

가방

하나

한때... 여자친구가 있었을 때의 토루

내가 가방이 가지고 싶어서 이러는 거
같아? 난 그 가방이 가지고 싶어서
이러는 게 아니라고..!
내가... 내가 진짜로
기분이 나쁜 건...

그렁
그렁

내가 겨우 그 정도 가방도
살만한 능력이 안 된다는
것 때문에 그러는 거라고!!
그런 내가 너무 비참해서!

흐어엉

나는 단지 내가 선택하고
싶은 것을 선택하고 싶을 때
선택하고 싶은 것뿐이라고~!
그것도 안돼? 응?!
니가 나한테 해 준게 뭐가 있는데?
응? 응? 응?!

내가
사는
세상

바틀비

둘

모비딕으로 유명한
허먼 멜빌은 그 작품
말고도 많은 작품을
남겼는데...

그중에서도 내가 가장
좋아하는 작품은
우리나라에서
《필경사 바틀비》라는
제목으로 번역되어 나온
《Bartleby, the Scrivener:
A story of wall-street》
이다.

지금과는 사뭇 다른
월스트리트에는
평탄하게 사는 것이 최고
라고 깊은 확신을 갖고
살아온 야망 없는
변호사가 '터키', '니퍼스',
'진저너트'라는 사원을
데리고 살고 있었다.

그들의 삶은 평탄했고, 딱히 문제랄 만한 것이 없는 그런 삶이었다. 이 사람이 오기 전까지는...

바틀비입니다

문제는 이들 사이에 '바틀비'라는 이름의 이상한 필경사가 오면서 부터 시작된다.

바틀비는 놀라울 정도로 일을 잘했지만...

곧 문제가 발생했다.

이런 식이었다.

바틀비는 도무지 상황과 맞지 않아 보이는 말을 한다. 그런데 이건 마치...

수준의 단순한 거부가 아니라...

...처럼 전혀 뜬금없고
말도 안되는 거부처럼
보인다.

하지만 아감벤은
바틀비의 "안 하는 편을
선택하겠습니다"라는
말을...

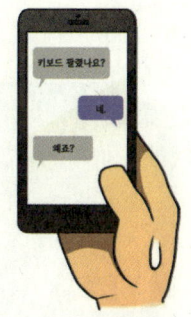

존재하거나 행동할
잠재성과 존재하지
않거나 행동하지 않을
잠재성 사이에 있는
일종의
비무장 지대를
개방하는 것....

조르조 아감벤(Giorgio Agamben)
이탈리아의 철학자이자 미학자

...이라고 설명한다.

젠장...
무슨 소린지 모르겠어..

그러니까... 바틀비는
그 일을 하고 싶지 않다고
부정한다기 보다...

안 하는 편을 **선택**...

'하지 않음'을 선택한
것이다.

그러니까
그게 무슨 차이냐고...

물론 그 둘의 차이가
없다고 생각할 수도 있겠
지만... 둘 사이에는 결정
적인 차이가 있는데...
이건... 말하자면

고가의 명품 가방을 두고
선택을 갈등하거나

우리가 치킨을 먹어야
하나 말아야 하나를
갈등할 때...

사실 그 이전에 생각해 봐야 할 것은...

타인이 정한 그 가치를 수용할 것인가 하는 점을 먼저 생각해 봐야 하는 것이다.

 =  =

그리고 만약 이 가치를 수용한다면...

그때는 그것을 선택하면
되겠지만,

아니라면... 그것 자체,

즉 타인이 거기에 부여한
가치 자체를 부정하면
된다.

우리에게 선택은
"살래?", "말래?" 나
"먹을래?", "말래?" 로
다가오는 것 같지만,

사실 조금 더 들여다
보면

전혀 다른 출구도 있게
마련이다.

정말로 적극적인
선택이란, 사회나 타인에
의해 '당연한' 것처럼
규정된 가치를 전제한
채로...

그것들을 선택하느냐
마느냐의 문제가 아니라,
그 가치부여 자체를
거부할 것인가,
수용할 것인가를
선택하는 것이다.

내가 하는 인문학
선택하지 않음을 선택하기

I would prefer not to: 탈영토화 하기

바틀비의 "I would prefer not to."(문학동네에서 출판된 공진호 번역본에서는 "안 하는 편을 택하겠습니다"로 번역되었습니다)[1]를 명확히 설명하기란 쉽지 않습니다.

아니, 안 하는 편을 택하겠다니?

보통, 제정신 박힌 사람이라면 그런 말을 쓰진 않죠.

이건 마치 "삼겹살이 좋아? 치킨이 좋아?"라는 질문에 "모시조개를 먹었는데 아그작하고 모래를 씹었어"라고 말도 안 되는 대답을 하는 것과 그다지 다르지 않습니다. 일반적인 경우라면 우리는 이런 사람을 보고 정신적으로 많은 도움이 필요한 사람이라거나 쓸데도 없고 재미도 없는 장난을 치는 사람 정도로 생각할 겁니다. 삼겹살과 치킨을 말하는데 모시조개라고 대답을 한다거나, 선풍기가 팔렸냐는 물음에 팔렸다고 대답하는데 거기다 대고 왜 팔렸냐고

---

1. 허먼 멜빌, 《필경사 바틀비》, 공진호 옮김, 문학동네, 2011년, 29쪽.

묻는 거나 비슷합니다. 왜 팔리긴요. 산다니까 팔았겠죠.

"I would prefer not to."도 이와 비슷한 패턴의 대화 방식입니다. 이런 대화는 우리의 '정상적인 상식' 선에서는 일어나지 않습니다.

"밥 먹었어?"

"돌멩이가 예쁘네?"

"맛있어?"

"까만색이야."

라는 식으로 진행되는 대화를 상상해 보세요.

이건 이해의 문제가 아니라 전혀 다른 차원의 문제가 됩니다.

이런 바틀비의 "I would prefer not to."를 일컬어 들뢰즈는 "언어 내부에 일종의 다른 외국어를 새겨 나간다"[2]고 말합니다. 이게 도대체 무슨 말인가 싶습니다. 원래 철학자들이란 말을 어렵게 하는데 특별한 재주가 있거든요.

들뢰즈의 말은, 쉽게 말해서 전혀 생뚱맞은 언어로 기존의 언어규칙을 파괴한다는 말입니다. 이것은 그의 말을 빌자면, 소수문학을 하는 방법 중 한 가지인 '언어의 탈영토화'이죠. 언어는 알겠는데 도대체 탈영토화라는 게 무

---

2. Gilles Deleuze, 《Essays Critical and Clinical》, 〈Bartleby; or, the formula〉, Daniel W. Smith & Michael A. Greco 옮김, U of Minnesota Press, 1997년, 71쪽.

슨 소리인지 모르겠습니다. "철학이란, 새로운 개념을 생성하는 것"이라는 자신의 정의처럼, 언어의 '탈영토화'라는 개념도 그가 새롭게 생성해낸 개념이기 때문에 "I would prefer not to."보다 오히려 더 어렵게 보입니다.

탈영토화란, 아주아주 쉽게 말하자면 패러다임을 바꾸는 것과 비슷할 수도 있습니다. 하지만, 그렇게 단순화시킬 수는 없죠. 그럴 거라면 애당초 그런 말을 만들지도 않았을 테니까요. 조금 길겠지만, 풀어서 써 보도록 하겠습니다.

들뢰즈의 탈영토화를 말하려면 우선 그의 '사유'부터 설명을 해야 합니다. 들뢰즈에게 있어서의 '사유', 즉 생각하는 것은 우리가 생각하는 '사유'와 조금 다릅니다. 우리는 '사유' 하면 보통 고상하고, 차분하고, 진중한 느낌의 뭐 그런 걸 떠올립니다. 뭐랄까, 흔들의자에 앉아 조용히 눈을 감고 상념에 잠긴 느낌이랄까요? 그래서 우리가 잘 아는 금동미륵보살반가'사유'상도 그렇게 고요히 앉아 있는 거죠.

하지만, 들뢰즈에게 있어서 사유는 그렇게 고상한 게 아닙니다. 전혀 고요하지도 않고, 조용하지도 않고, 차분하지도 않죠. 오히려 굉장히 폭력적이고 격렬하게 반응하는 인식작용입니다. 그러니까, '오늘은 바람이 부니까 우울함에 대해 사유해볼까?'라고 주제를 정해서 '바람이 분다. 마음이 흔들린다. 우울하다' 이런 식으로 차근차근 진행하는 것이 아니라는 거죠.

들뢰즈에게 있어서 사유, 즉 폭력적 사유란 우리 인식작용의 수동성을 의미합니다. 수동성이라는 말에서 알 수 있듯이 '어쩔 수 없이' 사유 할 수밖에 없는 걸 말하죠.

예컨대 아무 생각 없이 길을 가고 있었는데, 전혀 예기치 못한 상황에서 연인이 다른 사람과 키스를 하는 걸 본다던지(더구나 그 상대가 내가 사귀던 연인과 동성이라면 더할 나위 없겠습니다), 3년을 사귄 연인이 아무 이유 없이 갑자기 연락이 안 됐는데 알고 보니 다른 사람과 결혼 준비를 하고 있다던지 했을 때(경험담은 아닙니다……) 마음속에 격렬하게 일어나는 그 알 수 없는 작용이 들뢰즈식 사유에 가깝다고 볼 수 있죠. 즉, 알 수 없는 것과의 마주침, 그리고 그로 인해 생긴 상처, 상처를 보듬기 위해 우리가 하는 일련의 과정들이 바로 들뢰즈의 사유입니다.

자발적이고 능동적인 방식으로 대상을 선택하여 내가 가지고 있는 것을 재료로 그것을 추리하는 것이 아니라, 아주 수동적이고 우발적이고 우연적으로 어떤 대상을 만날 때 일어나는 것입니다. 연인이 다른 동성과 키스를 하고 있다는 걸 본다거나, 3년을 사귄 사람이 다른 사람과 결혼 준비를 하고 있다는 걸 알게 되었을 때 우린 그것에 대해 생각 할 수밖에 없습니다. 그렇지 않고서는 견딜 수가 없으니까요. 들뢰즈에게 있어서는 이런 것만이 사유입니다.

예를 들어 지금 이 책을 읽는 여러분 옆에 까만색 스마트폰이 있다고 가정하겠습니다. 그것을 보고, '사각형의 검은색 물체다. 이것으로는 전화도 할 수 있고, 인터넷도 할 수 있다. 내 경험에 비추어 봤을 때 이렇게 생기고 이런 기능을 할 수 있는 것은 스마트폰이라고 하더라. 그러니까 이건 스마트폰이다'라는 식으로 생각하는 것은 사유가 아닙니다. 자신이 이미 가지고 있는 정보들과 판단기준을 사용해서 '이것은 스마트폰이다'라는 판단을 내리는 것은, 일반적으로 우리가 생각하는 사유이긴 하지만, 들뢰즈 따르면 이것은 사유가 아니라 '재인(再認, recognize)'일 뿐입니다. 즉 다시 알아본다는 말이죠. 원래 알던 것을 상기하는 것일 뿐입니다.

이런 것들은 우리에게 어떤 충격을 주지 않습니다. 뭔가를 새로 생각하게 하거나 느끼게 하지 않죠. 무언가를 새롭게 창조하지 않는다는 말입니다. 하지만, 가끔 어떤 대상은 굉장히 강렬하게 우리를 사로잡습니다. 도대체 그 사로잡는 느낌이 무엇인지, 그것이 왜 나를 사로잡는지, 나아가서 그것이 도대체 무엇인지조차 알 수 없는 사태에 처할 때가 있죠. 앞서 말한 삼 년 사귄 연인이라던가, 다른 사람과 키스를 하는 연인 같은 경우가 그렇겠죠. 이런 것들은 우리를 이제까지 한 번도 생각해 보지 않았던 영역으로 안내합니다. '새로운' 사고를 하게 만드는 것이죠.

그러므로 들뢰즈에게 있어서의 사유는 굉장히 우연적인 순간에 우연히 대상과 마주칠 때 발생합니다. 마주쳐서 마주침의 대상이 나로 하여금 이제까지 단 한 번도 생각해 본 적이 없는 것을 생각하게끔 하는 것이죠. 그 '알 수 없는 것'이 우리에게 사유하지 않을 수 없게끔 강요하고 폭력을 행사할 때에야 비로소 생각을 한다는 것입니다.

가장 흔한 예를 들자면, 알 수 없는 이유로 사랑하는 사람과 헤어졌을 때, 그 이유를 알 수 없어 고민할 때 비로소 사유가 일어나게 되는 것입니다.

이유 없이 변해버린 사랑을 보곤, "그래 어쨌든 이 죽일 놈의 사랑이라는 게 변하긴 변했어. 그런데 도대체 왜 변한 걸까? 이렇게 변하는 걸 사랑이라고 할 수 있을까? 사랑이 뭘까? 아니, 그보다 인간의 감정은 왜 이렇게 계속 변할까? 끊임없이 변하는 것들만 있다면 나는 도대체 뭘 믿고 살아야 할까? 인간이란 과연 뭔가를 믿어도 되는 걸까? 아무것도 믿지 않는다면 나는 도대체 왜 사는 걸까? 나는 지금 살아도 되는 걸까? 죽어 버릴까? 그런데 죽는 건 뭐지? 죽으면 어떻게 될까?" 따위의 온갖 쓸데없어 보이는 생각들을 하게 되죠.

실연을 당한 사람이, '그래 이제 실연을 당했으니 이런

것들을 생각해 보자!'라고 하여 저런 것들을 생각하는 것
이 아닙니다. 하기 싫고, 이제 그딴 놈 그만 잊어버리고 싶
고, 새로운 사랑을 하고 싶은데, 마음대로 되면 그게 마음
이겠습니까. 마음을 비우려는데, 마음을 비우려는 그 생각
이 머릿속에 가득 차 있는 상태랑 비슷할 수도 있겠네요.
머릿속에서 미치도록 복작거리는 것들을 생각하지 않으면
견딜 수 없는 상태죠.

이런 마주침은 우리가 계획한 것도 아닙니다. 억울하긴
하지만, 그저 우연일 뿐이죠. 계속 사랑을 하며 알콩달콩
얼래리꼴래리 할 수도 있었고, 좋게좋게 쿨한 사이로 헤어
져 잘 지낼 수도 있었을 테지만, 어느 날 갑자기! 예상치
못한 순간에! 우연히! 그 상태가 확 닥쳐온 것입니다. 그래
서 밥도 못 먹고 잠도 못 자고 그 빌어먹을 인간만 생각하
게 되는 것처럼, 불가항력적인 사고 과정이, 바로 들뢰즈
의 사유입니다.

이런 강제적인 사유를 통해 우리는 이제까지 몰랐던 그
사람을 알게 되는 것이고, 그 과정에서 나 또한 알게 되는
것이죠. '내 방식대로' 알고 있었던 그 상대가 이제는 낯선
존재가 되고, 그것이 진짜 그 사람의 모습이라는 것을 깨
닫게 됨으로써 이제 비로소 그 상대를 조금 더 이해할 수
있게 되는 것입니다. 그것은 우리 자신을 볼 때 또한 마찬
가지고요.

정리하자면, 들뢰즈의 사유란, 새로운 영역으로의 접근이라고 볼 수 있겠습니다.

우리는 그 생각들을 멈출 수가 없습니다. 멈출 수 있었으면 그렇게 사랑 때문에 힘겨워하는 연인들도 없었을 테고, 그 수많은 노래들도 나오지 않았겠죠. 지금 이 상황이 도대체 무엇인지 알아야 그것을 버리든지 잊든지 지우든지 할 텐데, 그러한 판단조차도 서지 않는 상태이기 때문입니다. 인간이란, 그만큼 나약한 존재라서 우리는 모르는 것을 모르는 체 그대로 놔두지 못하기 때문이죠. 어떻게든 그걸 해소해야 하는 겁니다.

그래서 알 수 없는 상황에 맞닥뜨렸을 때 우리는 격렬하게 사유할 수밖에 없게 되는 것이죠. 그러므로 들뢰즈에게 있어서의 사유란, 우리가 뭔가를 제대로 알아볼 수 있는 상태, 즉 인식능력이 조화롭게 사용되는 것이 아니라, 그것들을 뛰어넘는 단계이죠. 인식의 부조화입니다. 뭔가 어긋나는 것이죠. 이제까지 방법으로는, 이제까지 알던 것들로는, 지금까지의 사유 영역으로는 대상에 이르는 길이 벽에 가로막혀 있기 때문에 뭔가 다른 방식으로 생각해 보려고 애쓰는 겁니다. 그러기 위해서는 대상을 깊게, 그리고 더욱 면밀하게 관찰하고 생각해 봐야겠죠? 그게 '진정한 사유', '창조적 사유'라고 그는 생각했습니다.

그렇게 끊임없이 벽을 깨고 나아가며 낯선 대상을 마주하는 것이 사유인 것이죠.

우리에게 주어져 있었던 편안한 길을 그대로 걷는 것이 아니라, 기존의 모든 인식들, 모든 사유의 이미지들, 모든 정답들, 상식들, 보편들을 파괴하고 넘어가는 것이죠.

그리고 이것이 바로, 탈영토화입니다.

영토화되어있던 사고를 깨고 나아간다는 뜻입니다.

진정한 사유는 탈영토화 작업이라고 보는 것이죠.

우리가 바틀비를 만나는 것은, 그리고 그의 "I would prefer not to."라는 말을 만나는 것은, 낯선 것과 마주치는 것입니다. 즉 탈영토화하는 것이죠.

그래서 들뢰즈는 《카프카–소수문학을 위하여》에서 문학으로 탈영토화의 방법을 "체코의 유대인이 독일어로 글을 *써야 하듯이*, 혹은 우즈베키스탄인이 러시아어로 글을 *써야 하듯이, 구멍을 파는 개처럼 글을 쓰는 것, 굴을 파는 쥐처럼 글을 쓰는 것. 그리고 이를 위해 자신의 저발전(低發展)[원초적] 지점을 찾아내는 것, 자신의 방언을, 자기 자신의 제3세계를, 자기의 사막을 찾아내는 것*"[3]이라고 말합

---

3. 질 들뢰즈, 펠릭스 가타리, 《카프카: 소수적인 문학을 위하여》, 이진경 옮김, 동문선, 2001년, 48쪽.

니다.

바틀비의 "I would prefer not to."라는 말이 바로 "유대인이 독일어로" 쓴 글이고, "원초적 지점"인 것이죠. 그 원초적 지점은 개나 쥐가 파 놓은 굴 같은 겁니다. 그리고 그 굴은 견고한 성을 무너트리죠. 시스템을 파괴하는 것입니다. 카프카가 책은 도끼라고 말했던 것처럼, 단단하게 얼어붙은 빙하에 박힌 도끼 하나가 그 거대한 빙하를 산산조각내듯이 "I would prefer not to."도 잔잔한 시스템을 박살내기 시작합니다. 견고해 보이는 법률사무소의 균형을 조금씩 무너뜨리기 시작하는 것이죠.

변호사도, 터키도, 니퍼스도, 진저너트도 바틀비의 말에 동화되고 흔들리기 시작합니다. 물론 변호사를 비롯해 다수에 속한 사람들은 이것을 견디지 못하고 바틀비를 내쫓으려 하지만, 이미 균열이 가기 시작한 다수는 도끼처럼 박힌 바틀비를 뽑아내지 못합니다. 그들은, 특히 소설의 화자인 변호사는 자신들의 변화를 정당화해보기도 하지만, 여전히 쓸모없는 노력일 뿐이죠. 덩치 크고 단단한 것들이 사소한 균열에도 자신의 무게를 이기지 못하고 무너져 버리게 마련인 것처럼, 단단한 빙하에 꽂힌 바틀비라는 도끼는 곧 굉음을 일으키며 빙하를 부수어버립니다.

중요한 것은 과연 이 지점을 어떻게 찾는가 하는 것이죠. 이 지점은 "거부"입니다.

신은 죽었다

《필경사 바틀비》의 본문에 언급된 비유인 "이집트 피라미드의 심장에 새들이 떨어뜨린 잔디의 씨앗"[4]처럼, 바틀비가 '정상 세상' 속에 심어 놓은 균열의 씨앗은 발화합니다. 그 발화한 씨앗에서 핀 꽃은 '거부'죠. 그런데 그냥 일상적인 거부가 아니라 조금 더 심연으로 들어간 '적극적 거부'입니다. 행위를 부정하기 이전에, 그 행위에 전제되어있는 기존 가치들을 거부하는 것이 바틀비가 하는 일입니다.

기존 가치에 대한 거부는 니체의 저 유명한 말, "신은 죽었다"가 의미하는 바의 실천형이기도 하죠. 생뚱맞게 왜 갑자기 니체가 나오고, "신은 죽었다"가 나오느냐고 할지도 모르겠지만, 니체의 "신은 죽었다"와 바틀비의 "to prefer not to~"는 의외로 상당히 유사합니다. 일단 뭐가 유사한지 한 번 보도록 하죠.

철학사상 가장 유명한 말을 꼽아 본다면 아마도, "너 자신을 알라"일 테고, 그다음으로 "나는 생각한다. 그러므로 존재한다"가 아닐까 싶습니다. 그리고 아마도 다섯 손가락 안에는 니체의 말, "신은 죽었다"가 들어갈 거라고 생각됩니다.

---

4. 허먼 멜빌, 《필경사 바틀비》, 공진호 옮김, 문학동네, 2011년, 89~90쪽.

하지만, 다른 유명한 말들처럼, "신은 죽었다"라는 니체의 선언도 그 유명세만큼이나 오해가 많이 된 말이기도 합니다. 그 오해의 대부분은 니체가 언급하는 '신'이라는 단어가 갖는 어떤 뉘앙스 때문일 겁니다. 그러나 니체의 "신은 죽었다"라는 말은, 무척 복합적인 의미를 갖고 있습니다. 니체는 예수 그리스도를 죽인 것이 아니죠. 예수 그리스도는 니체가 말했던 '신'의 한 부분일 뿐입니다. 그가 더욱 직접적으로 비판하려 했던 것은 "데카당스"라고 말하고 있는 것, 즉 삶을 부정으로 이끌어가는 모든 것이었습니다.

이것이 《바그너의 경우》에서는 바그너의 음악이었고, 《우상의 황혼》에서는 소크라테스와 그의 제자들의 이분법, 변증법, 이성, 합리성이었고, 《안티크리스트》에서는 기독교였을 뿐이죠. 그렇기 때문에 그의 "신의 죽음"은 종교적인 차원이 아니라 그보다 좀 더 넓은 차원으로 해석되어야 합니다.

니체가 죽인 신은 우리의 삶을 힘들게 하고 부정하는 서양 지적 전통 전체를 통해 만들어진 "하나의 정답"입니다. 그리고 그 "하나의 정답"에 맞춰 살아가라고 강요하는 모든 '당위성'과 '당연함'입니다. 기독교는 "하나의 정답"을 강요하는 그 당연함의 한 부분일 뿐이었죠.

그러니까 말하자면, 니체의 "신은 죽었다"라는 명제는

'정답'과 정답을 강요하는 사회에 날리는 큰 엿이었습니다. 요즘은 'Big엿'이라고 하죠.

그럼 먼저 니체의 "신은 죽었다"가 무엇을 의미하는지 살펴보도록 하죠.

먼저 니체는 신의 죽음을 통해 서양철학 2000년을 지배했던 형이상학적 이분법을 극복하고자 했습니다. '형이상학적 이분법'이라고 하니 엄청나게 대단한 것처럼 보일지도 모르겠지만, 그렇게까지 어렵고 복잡한 건 아니고, 우리가 이미 알고 있는 것들입니다. 1장에서도 이미 말한 것들이죠.

우리가 1장에서 다룬 사람은 소크라테스와 플라톤이었습니다. 그들이 세상을 어떻게 보았고, 그리고 그것이 어떻게 작동하였는지를 말했죠. 1부 전체가 그것이라고 봐도 될 겁니다. 쉽게 말하자면, 소크라테스, 그리고 그의 제자인 플라톤이 한 일은 "진짜 그것은 무엇인가?(ti esti)"라는 것을 찾고, 그것에 '이데아(Idea)'라는 이름을 붙이고, 그것들이 있는 세상을 '진짜 세상'이라고 만들어 버렸던 것이죠. 그러니까 자동적으로 어떻게 될까요? 지금 우리가 살고 있는 세상은 '가짜 세상'이 되는 겁니다. 그러니까 세상을 두 개로 나누어 버렸다는 것입니다. 있는지 없는지 모르겠지만, 어쨌든 있어야 할 것 같아서, 있다고 생각해 버린 거죠.

이것이 쉽게 말해 '형이상학적 이분법'입니다. 이분법(二分法), 즉 두 개로 나눈다는 말이죠.

그러니까 세상이 아래처럼 둘로 나뉘는 겁니다.

진짜 세상: 진리=이데아=영원한 것=변하지 않는 것=행복한 것=좋은 것=도덕적인 것

가짜 세상: 허상=현상=영원하지 않는 것=변하는 것=행복하지 않은 것=나쁜 것=도덕적이지 않은 것

보면 아시겠지만, 좋은 것은 다 위쪽이 가져가고 나쁜 것은 다 아래쪽이 가져가게 된 것이죠. 그러다 보니 진짜로 우리가 살아가야 하는 이 세계, 즉 아래쪽은 나쁜 게 되고, 나쁘니까 당연히 부정하게 되는 겁니다. 반대로 있는지 없는지 모를, 하지만 뭔가 있어야 할 것 같다는 생각에 상상하게 된 위쪽 세상을 긍정하게 되는 겁니다. 그러니까 어떻게 해야 되겠어요? 당연히 좋은 곳으로 가야죠. 위쪽 세상을 향해 가야 하는 겁니다. 그리고 좋은 것은 다 그쪽에 있으니 그쪽 기준에 맞춰 살아야 했죠.

이것은 우리에게 현실과 맞지 않는 삶의 기준도 강요하게 됩니다. 상상 속의 진짜 세상은 도덕적으로 선하고, 가짜 세상은 도덕적으로 악하다는 플라톤의 전제가 있기 때

문에, 우리의 삶은 아래쪽 세상, 즉 현실 세계에 초점이 맞
춰져 있지 않습니다. 플라톤의 말에 따르자면, 잘 살기 위
해서는, 도덕적으로, 착하게 살기 위해서는 본적도 만져본
적도 없지만, 어딘가 있다고 '생각'되는 위쪽 세상에 맞춰
살아야 했죠.

니체가 보기에 이건 말이 안 되는 소리였습니다. 위쪽
세상이야말로 허상이었거든요. 있는지 없는지 전혀 알 수
없는 세상에서의 행복을 위해 '진짜' 우리가 살아가는 이
세상, 즉 아래쪽 세상을 부정한다는 건 뭔가 좀 바보 같은
짓이었습니다. 그래서 니체는 우리가 살고 있는 이 세상을
긍정하라고 말하며, 그 근거로 위쪽 세상은 없다고 말했습
니다.

그러니까 니체가 플라톤의 '형이상학적 이분법'을 극복
하기 위해 한 일은 너무도 당연하고 간단하게, 진짜 세상:
천국=진리=이데아=영원한 것=변하지 않는 것=행복한 것
=좋은 것=도덕적인 것을 없애 버린 겁니다. 그게 니체가
말하는 "신은 죽었다"의 철학적 의미죠.

이러한 플라톤의 '형이상학적 이분법'의 구조는 그대로
이어져 기독교로 발전합니다. 이쯤 되면 간단하죠? 플라
톤의 '진짜 세상'이 '천국'이 되는 겁니다.

그러다 보니 자연히 니체가 죽인 신은 기독교의 신이기
도 했죠. 그런데 여기에도 조금 차이가 있습니다. 이때의

‘신’은 사실 기독교의 야훼(Yahweh), 더구나 예수 그리스도는 전혀 아니었습니다. 그보다는 기독교 체계 그 자체였죠.

니체가 예수 그리스도를 부정했다는 것은 잘못 알려진 사실입니다. 사실 예수에 대한 니체의 평가는 아주 긍정적이었죠. 니체는 예수 그리스도를 ‘사랑’을 실천한 인물이라고 보았습니다. 오직 ‘사랑’만을 말했고, ‘사랑’만을 실천했으며, 자신이 죽는 순간까지도 인간을 ‘사랑’으로 감쌌던 사람이라고 보았던 것이죠.

니체는 예수를 일컬어 사랑하며 사는 삶이 참된 삶이자 영원한 삶이라는 복음을 전파하고, 신과 인간 사이를 격리하는 죄와 벌은 더 이상 없다고 인간을 축복해준 인물이라고 말했습니다. 그에게 있어서 예수 그리스도라는 인물은 분노하지 않고, 벌도 내리지 않으며 자신이 살아왔던 모습을 가르쳤으며, 자신이 가르쳤던 바를 몸소 실천한 존재였습니다. 그리고 그런 예수야말로 유일한 그리스도인이라고, 니체는 평가합니다.

니체가 보기에 예수 그리스도가 펼치고 간 복음의 가장 중요한 부분은 사랑의 실천이었고, 그로 인해 인간 존재의 죄를 사하는 것이었습니다. 그리고 예수의 복음으로서 죄가 사하여진 인간은 이제 비로소 자신의 존재 자체를 긍정할 수 있게 되었고, 누구나 신과 일대일로 만날 수 있게 되었다고, 니체는 생각했습니다. 모든 인간은 신 아래 평등하고, 그러니 모든 인간은 신과 일대일로 만날 수 있는 존재가 되었다고 생각했던 것이죠. 그리고 그런 매개자의 역할을 예수 그리스도가 했다고 보았고요.

그래서 니체는 다음과 같이 말합니다.

" '복음'의 심리 전체에는 죄와 벌의 개념이 없다 ; 보상이라는 개념도 없다. *신과 인간 사이의 관계를 멀어지게 하는 '죄'가 없어졌다는 것. − 바로 이것이 '복음, 기쁜 소식'이다.* …… '신앙'이 그리스도교인을 구별 짓지 않는다 : 그리스도교인은 행동하고, 행동이 달라서 구별된다. …… 구세주의 삶은 바로 이러한 실천일 뿐이었다 − 그의 죽음 역시 다르지 않았다…… 그는 신과 교통하기 위해 어떤 공식도 어떤 의식도 필요로 하지 않았다 − 기도조차도. 그는 유대적 회개의 교설 및 화해의 교설과 담판을 지어버렸다 ; 그는 사람들이 자신들을 '신적'이고, '복되며', '복음적이고', 언제나 '신의 자식'이라고 느끼게 해주는 유일한 것이 어째서 삶의 실천인지를 알고 있었다. 신에게 향하는 길은 '회개'도 아니고 '용서의 기도'도 아니다 : 오로지 복음적 실천만이 신에게 인도하며, 복음의 실천이 바로 '신'이다 − 복음과 함께 없어진 것. 그것은 '죄', '죄의 사함', '신앙', '신앙을 통한 구원' 개념을 갖고 있던 유대교였다 − 이런 유대 교회의 교설 전체가 '기쁜 소식'에서는 부정되었다."[5]

물론, 여기에서 '누구나'는 키르케고르가 그랬던 것처럼, 사랑을 실제로 '실천'하는 사람입니다. 사랑을 실천하는 사람은 누구나 신의 자식이 될 수 있다는 것을, 예수 그리스도는 사랑의 실천으로써 우리 인간들에게 말해주었던 것이죠. 그것이야말로 그리스도가 인간에게 가져다준 무한한 선물이라고 니체는 생각했습니다.

그런데 이런 예수와 예수의 뜻이 이제 죽었고, 완전히 오염되었다고 니체는 보았던 것이죠. 인간의 죄를 사하여 준 예수의 복된 말씀인 복음(福音, Evangelium)은 오히려 죄와 벌을 강조한 화음(禍音, Dys-angelium)이 되어 사람들을 구속하고, 힘들게 하고, 현실이 아닌 사후 세계만을 찬양하게 만든다고 보았습니다. 그럼으로써 인간의 현재 삶을 완전히 부정하게 만들었다고 보았죠.

조금 전에 설명되었던 플라톤의 '형이상학적 이분법'과 똑같은 구조가 되어버린 것입니다. 아래쪽 세상, 우리의 현실을 긍정하고 축복해 주는 복음은 위쪽 세상, 천국, 사후 세계를 중요시하는 이분법적 체계로 인해 부정되었다

---

5. 프리드리히 니체, 《바그너의 경우, 우상의 황혼, 안티크리스트, 이 사람을 보라, 디오니소스 송가, 니체 대 바그너》, 백승영 옮김, 책세상, 2002년, 258~259쪽.

고, 니체는 보았습니다.

어쩌다가 그런 예수의 복음이 변질되어 버렸을까요? 니체가 보았을 때 자신들의 기원인 예수의 뜻을 죽인 것은 오히려 기독교의 교회와 사제들이었습니다. 예수의 복음으로 인해 일대일 관계로 놓이게 된 신과 인간 사이에 기독교라는 이름의 교회와 사제가 끼어들어 죄와 벌의 개념을 강화했다고 본 것이죠.

'신'이라는 개념이 인간을 구제하고 구원하는 존재가 아니라, 인간을 규제하는 도덕률이 되었고, 복음으로 인한 평등주의가 목자와 양떼라는 차별주의가 되었고, 사랑의 실천을 통한 구원이 기도를 통한 구원이 되었고, 현실의 삶에 대한 긍정이 영혼 불멸과 종말론이 되었다고 보았습니다.

왜냐고요?

순수했던 예수 그리스도의 뜻을 교회와 사제가 자신들의 권력을 유지하기 위한 수단으로 사용했기 때문이라고, 니체는 본 것입니다. 사람을 조종하고 그들을 다루기 위해서 가장 편리한 방법은 충격과 공포였기 때문입니다. 우리도 학교에서 수업시간에 항상 그랬잖아요.

"이거 안 하면 종아리 열 대!"

그러면 말을 무척 잘 듣습니다. 어떤 행위가 나를 위한 행위가 아니고, 죄를 면피하기 위한 행위가 되는 것이죠.

그런데 이것은 현실에서 발생하는 부조리를 합리화할 수 있는 수단이 되어 주기도 했습니다. 상식적으로 보자면, 그리고 플라톤이든 기독교든 그들의 가르침에 따르면 분명 도덕적인 인간이 행복해야 합니다. 하지만 현실은 그렇지 않죠. 우리 주위만 둘러 보더라도 도덕적인 인간은 괴롭고 힘든 삶을 이어나가고, 비도덕적이고 남을 속이며 사는 인간은 떵떵거리며 잘 살아가는 모습을 쉽게 볼 수 있습니다. 이 부조리를 어떻게 설명해야 할까요? 현실과 이상 사이에 균열이 발생했을 때 그것을 정당화하기 위해 가지고 오는 것이 위쪽 세계인 것입니다. 모든 것을 조율하는 절대자가 있어서 그 부조리가 궁극적으로는 조율돼서 나중에 보상이 이루어질 것이라고 믿으면 지금의 부조리도 어느 정도 참고 넘어갈 수 있거든요. 예를 들자면 이런 겁니다. 수업 시간에 숙제도 안 하고 땡땡이쳐서 놀러 가는 친구들을 보면 뭔가 행복해 보입니다. 하지만, 우리는 그런 아이들을 볼 때 이런 생각을 하죠. "나중에 안 좋은 대학 가서 인생 조져 봐야 후회할 걸?"이라고 말입니다. 이게 아주 단순한 죄와 벌의 메커니즘입니다.

하지만 니체는 이런 식의 사유 방식이 우리의 삶을 긍정할 수 없다고 보았습니다. 현상세계는 부정되고 저세상만이 긍정되기 때문이죠. 니체가 보기에는 우리가 실제로 살아가고 있는 이 세계야말로 무한한 긍정의 대상이 되어야 했습니다. 그렇기 때문에 현실 세계와 인간 자체를 부정하는 플라톤적 이분법을, 기독교적인 죄와 벌 메커니즘을, 니체는 거부합니다. 그리고 '신'을 죽여 버리죠. 앞서 구구절절하게 설명했지만, 니체가 죽인 '신'이라는 것은 결국 '정답'입니다. 두 개로 나뉘어 세상 중에서 '정답 세상'을 없애 버리는 것이죠. 그렇게 되면 어떻게 될까요? 오답인 세상만 남는 겁니다.

이제 정답이 사라졌으니, 골인 지점이 사라졌으니 모두가 정답이 아닌 게 되고, 1등, 2등 등수가 사라지게 되는 것이죠.

정답이 사라졌으니 이제 전부 틀린 걸까요?

니체는 그렇게 생각하지 않았습니다.

정답이 사라졌으니 너도나도 이제 전부 정답이 된 것이죠.

신의 죽음, "I would prefer not to."

장황하게 니체의 '신의 죽음'에 대한 의미를 설명하였습니다. 그럼 "I would prefer not to."라는 바틀비의 말과의 관계도 설명해야겠죠.

결론부터 말하자면 "I would prefer not to."도 신의 죽음처럼 근본적인 가치 기준을 거부하는 것입니다.

우리가 무언가를 구매하려고 하지만, 그것을 구매하지 못하게 된다면 스트레스를 받습니다. 첫 번째로는 갖고 싶은데 못 가지게 되는 데서 오는 소유욕 때문에 스트레스를 받게 되고, 두 번째로는 자신이 그것을 가질 수 있는 능력이 안 된다는 사실에서 오는 자괴감 때문에 스트레스를 받게 되죠. 이 둘은 서로 달라 보이지만, 사실상 그 뿌리는 같습니다. 대상에 대한 가치 기준이 나에게 있지 않다는 점이죠.

예를 들어 우리가 아주 고가의 가방을 사려고 한다고 가정해 보겠습니다. 이때 우리가 할 수 있는 행동은 그것을 사거나, 혹은 사지 않거나 입니다. 가진 돈이 없기 때문이죠. 이때 우리는 상당한 스트레스를 받습니다. "돈만 있었으면 샀을 텐데……" 그러지 못했다는 거죠. '비싸'라고 생각해서 사지 못했을 때도 마찬가지입니다. 그러한 돈이 충분했더라면 산다는 말입니다.

하지만, 이때 바틀비였다면 다르게 생각했을 것입니다.

"I would prefer not to."라고 말했겠죠. 이것은 애당초 그 가방에 부여된 가치를 부정하는 것입니다. 변호사가 "이 일을 할래? 안 할래?"라고 물었을 때 그 선택지 중 하나를 선택하는 것이 아니라, 그 선택 자체를 선택하지 않겠다고 대답했던 것처럼, 바틀비라면 애당초 가방에 그 가치가 부여된 것을 거부했을 거라는 말입니다.

"이 가방을 살래? 안 살래?"라는 선택의 주어짐에서 "나는 그 가방에 부여된 가치를 인정하지 않겠다"고 말하는 것이죠.

니체의 "신은 죽었다"도 마찬가지입니다.

우리가 너무나 당연하게 생각하고 있는 가치 판단이 사실은 전혀 우리의 가치가 아니고, 다른 누군가의 가치라는 것이죠.

"회사에 취직할래? 공무원이 될래?"라는 선택권 중 하나를 선택하는 것이 아니라 삶은 그 두 가지 방식만으로 작동하는 것이 아니라는 사실을 아는 것, 그리고 그 선택권 아래에 깔려있는 전제, 즉 "대기업에 가든지 공무원에 가든지 뭐든 해야 제대로 된 삶이다"라는 그 기본 가치를 거부할 수 있는 것, 그 방법을 니체는, 그리고 바틀비는 말하고 있었던 것입니다.

그래서 바틀비가 "I would prefer not to."라고 했던 것처럼, 니체는 자신의 의도와는 전혀 상관없이 주어진 그 누군가의 정답이 "너는 마땅히 해야 한다"[6]고 말할 때, "나는 하고자 한다"[7]라고 외치는 것입니다.

---

6. 프리드리히 니체, 《차라투스트라는 이렇게 말했다》, 〈세 변화에 대하여〉, 정동호 옮김, 책세상, 2000년, 39쪽.
7. 위의 책, 39쪽.

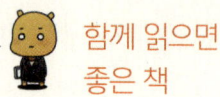
함께 읽으면
좋은 책

《이 사람을 보라》,《니체, 디오니소스 긍정의 철학》,
《니체》(정동호),《니체와 철학》,《니체》(하이데거)

지금에야 니체가 가장 중요한 철학자 중 한 명으로 거론 되지만, 그가
이렇게 인정받기까지의 과정이 순탄한 것만은 아니었습니다.

우리나라에서도 1960년대 한 번, 그리고 1980년대에 한 번 니체
전집이 번역되었던 적이 있고, 2000년대 초반부터 책세상 출판사에서
니체 전집이 번역되었지만, 그 과정에서도 역시 잡음이 꽤나 많은 철학
자였죠. 이런 니체의 수용과정이 복잡다단했던 이유는 그의 사상을 정
치적으로 이용하고자 했던 사람들의 영향이 컸습니다. 그 중 가장 대표
적인 인물이 그의 여동생인 엘리자베트입니다.

1889년 1월 3일(혹은 1월 7일이라는 설도 있습니다) 카를로 알베르
토 광장에서 쓰러진 니체가 더 이상 정상적인 활동을 못하게 되고, 그
의 저작권을 가지고 있던 어머니마저 1897년에 사망하자 엘리자베트
는 니체의 판권을 모두 가지게 됩니다. 그리고 얼마 후 《차라투스트라
는 이렇게 말했다》 1부에서 4부까지를 한 권으로 출판하고, 그에 더해
《힘에의 의지》의 편집에도 참여하죠. 1889년까지 미완으로 남아있던
유고들을 엘리자베트가 자신의 임의대로 편집을 해 버린 것입니다. 그
렇게 엘리자베트가 원하는 대로 편집 된 책 《힘에의 의지》로 인해 니

체는 반유대주의자, 인종차별주의자, 군국주의자, 특히 나치가 되어버리고 맙니다.

그런데 모두가 알다시피 2차 세계대전 이후 폐망한 독일은 두 나라로 나뉘게 되죠.

이 때 동독과 서독으로 분리 된 독일에서 니체의 저작들은 동독의 바이마르의 〈니체문서보관실〉에 전부 수거되어 보관됩니다. 하지만 동독의 사회주의 체계에서 니체는 그다지 환영받는 철학자가 아니었기 때문에 그의 모든 책은 금서가 되었죠. 그로 인해 니체는 나치즘의 선봉으로 왜곡된 채로 거의 사장되다시피 했었습니다. 니체에 대한 갖가지 오해와 추측이 난무했죠. 대표적인 예가 하이데거이기도 합니다.

니체가 제대로 평가받을 수 있었던 것은 그 후 십 수 년이 더 흐른 뒤였습니다. 1960년대 초, 독특한 정치적 이력을 가지고 있었던 이탈리아의 학자 몬티나리(M.Montinari)와 콜리(G.Colli)가 동독으로 갈 기회를 얻게 되었고, 그들이 들렀던 곳 중 하나가 바로 바이마르의 〈니체문서보관실〉이었습니다. 바이마르에 도착해서도 여러 가지 우여곡절이 있었지만, 두 명의 학자는 다행스럽게도 니체의 유고와 서간집을 포함한 그의 모든 저작들을 확인할 수 있게 되었습니다. 그리고 그들의 노력에 의해서 비로소 1964년 이탈리아어판 고증판니체전집(KGW, Nietzsche Werke, Kritische Gesamtausgabe)이 출판되게 됩니다. 그 후 이를 독일의 발터 데 그루이터(Walter de Gruyte)에서 독일어판으로 출판하였고, 또한 이 독일어판본을 우리나라의 책세상에서 번역합니다. 당시 독일에서 유학중이던 젊은 니체 전공학자(이제는 권위자가 되신 분들이죠)들에게 번역을 맡겨서요. 그러니 아무래도 국내에서 번역된 니체의 책은 책세상 번역본이 원본에 가장 충실합니다. 이러한 여러 사람의 노력을 통해서 이제 비로소 니체의 진면모를 우리는 보게 된 것이죠.

이후 니체 연구는 급물살을 타게 됩니다. 프랑스에서는 루아요몽에서 국제 학술대회가 열리기도 하였고, 1972년에는 몬티나리의 주도 아래 《니체 스튜디엔》이라는 학술잡지가 간행되기도 하였죠. 포스트모더니즘의 등장도 니체를 부활시키는데 한 몫 하였고요.

우리나라에는 니체의 서간집은 아직 번역이 되지 않았지만, 그의 유고를 포함한 저작들은 전부 번역이 되었습니다. 그러니 무척 분량이 많죠.

이 많은 책 중 가장 먼저 읽으면 좋은 책은 《이 사람을 보라》입니다. 서문과 〈나는 왜 이렇게 현명한지〉, 〈나는 왜 이렇게 영리한지〉, 〈나는 왜 이렇게 좋은 책을 쓰는지〉, 〈왜 나는 하나의 운명인지〉로 구성된 이 책은 제목에서 보다시피 어처구니없을 정도로 오만한 책이죠. 니체는 이 책에서 자신을 다른 그저 그런 철학자들과 혼동하지 말라고 요구하며, 자기를 디오니소스의 제자로, 자신의 작품들을 삶과 격정의 표현으로, 여타의 다른 책들과는 다르게 높은 곳에 있는 공기임을 이해해 달라고 요구합니다. 이쯤 되면 이미 눈치 챘을지도 모르지만, 이 책은 그의 자서전입니다. 자신의 인생과 철학이 어떠하였으며, 자신의 책이 어떻게 읽히기를 바라는지 구구절절하게 써 놓은 책이 바로 이 책이죠. 그렇기 때문에 니체 전체를 개괄하기에는 가장 좋은 책입니다. 이 책으로 니체를 일별하고 니체 독서의 가닥을 잡는 것이 좋죠.

하지만 그럼에도 니체의 원전은 읽기가 쉽지 않습니다. 그래서 차선책으로 니체 연구서들을 고르게 되는데 니체의 연구서는 시중에 많이 나와 있습니다. 그중에서 가장 권하고 싶은 것은 니체 고증판전집의 편집위원이기도 한 정동호 교수의 《니체》와 역시 마찬가지로 같이 편집위원을 했던 백승영 교수의 《니체, 디오니소스 긍정의 철학》 두 권입니다.

두 권 중 무엇을 먼저 읽어야 하는가 하는 문제가 생기는데, 우선 정동호의 《니체》를 읽어 보시길 바랍니다. 비교적 쉬운 문장과 설명은 니체에 관한 지식이 그리 많지 않더라도 쉽게 읽을 수 있게 해 줍니다. 더구나 니체의 철학을 접할 때 가장 큰 난관이 되는 그의 모순성과 체계적이지 않은 서술, 아포리즘[8] 등에 대해서도 잘 설명해 놓고 있습니다. 또한, 니체의 주요 개념, 즉 신은 죽었다, 영원회귀, 위버멘쉬[9], 힘에의 의지 등도 상세히 설명하고 있어 니체의 원전을 읽는 과정에서 참

---

8. 아포리즘이란 일반적으로 경구(警句)나 격언(格言), 금언이나 잠언(箴言) 등을 일컫는 말이다. 니체의 책은 많은 부분 이렇게 짧은 경구 형식으로 되어 있다.

9. 위버멘쉬(Übermensch)는 퇴행하고 있는 당시의 인간에게 인류의 미래를 맡길 수 없다는 판단에서 니체가 제시한 인간유형이다. Übermensch는 영어의 over를 뜻하는 Über와 man을 뜻하는 mensch의 합성어로써, 우리나라에서는 예전에 초인(超人)으로 번역되었었지만, 그 의미가 퇴색되기 때문에 우리나라에서도 Übermensch를 그대로 발음한 위버멘쉬로 번역하고 있다.

고하기 좋습니다.

《니체, 디오니소스 긍정의 철학》은 점잖은 어조의 《니체》에 비해 활기찬 젊은 학자의 글처럼 보이는 책입니다. 총 6부로 구성된 이 책은 니체의 삶과 함께 그의 글을 독자에게 직접 보여주고 설명하는 방식으로 쓰여 있어 마치 니체 강독을 듣는 것처럼 상세합니다. 그러다 보니 니체를 처음 접하는 사람들에게는 다소 어려울 수도 있지만, 그의 글을 직접 맛보고 싶은 독자나 니체와 대면하여 알아가기를 원하는 독자들에게는 무척 도움이 되는 책이죠. 더구나 니체의 생애를 자세히 묘사하고 있어 인간 니체를 알고자 하는 사람에게도 도움이 됩니다.

국내 연구가들의 책이 아닌, 철학사에 이름이 있는 석학들의 책 중 니체 해석으로 가장 유명한 것은 아무래도 질 들뢰즈입니다. 스피노자, 니체, 베르그송의 영향을 받은 들뢰즈는 철학자들의 등에 올라타 새로운 괴물을 탄생시켰다는 세간의 평가에 어울리게 니체 해석의 물줄기를 완전히 다른 쪽으로 틀어버린 사람입니다.

그는 니체에 대해 무척 많은 텍스트를 남겼지만, 그중에서도 단행본으로 출간된 대표적인 책은 《니체와 철학》입니다. 들뢰즈는 이 책에서 니체 철학의 새로운 생성의 면모를 부활시키고 있죠. 허무주의로 오해되곤 하던 니체는 그를 통해 다시 허무주의와의 전쟁에서 선봉에 서게 됩니다. 하지만 어려운 니체를 더 어려운 들뢰즈가 쓴 책이라 읽기가 쉽지 않다는 단점이 있죠. 그래서 가능하다면 먼저 《들뢰즈가 만든 철학사》를 읽고 읽으면 좋습니다. 《들뢰즈가 만든 철학사》에도 니체가 세 개의 챕터로 구성되어 있는데 들뢰즈의 책 중 가장 쉬운 책이 이 책이기도 합니다.

들뢰즈 이전의 니체 해석의 주류는 하이데거였습니다. 사실상 니체를 철학사에서 위대한 형이상학자의 반열에 올려놓은 것도 바로 하이데거였죠. 하지만 그는 동시에 플라톤의 형이상학을 극복한다고 자처하는 니체가 결국 서양 형이상학을 완성하고 있다고 비판합니다. 그리고 자신이야말로 그런 전통 형이상학을 극복했다고 주장하죠. 또한, 나치에 동조했던 철학자로 유명한 하이데거이기에 그는 니체의 사상이 나치즘에서 가장 완벽하게 실현되었다는 평가도 내리기도 합니다. 그래서 이런저런 이유로 니체를 전혀 이해하지 못했다는 비판을 받기도 하지만 참고해 볼 만합니다.

〈예술로서의 힘에의 의지〉, 〈동일한 것의 영원회귀〉, 〈인식으로서의 힘에의 의지〉 총 3부로 구성된 하이데거의 《니체》는 그가 브라이스가우의 프라이부르크 대학에서 했던 강의들로 구성되어있는데, 거기에 몇 개의 논문이 덧붙여져서 길 출판사에서 출판되었습니다.

06
My
Times

내가
사는
세상

시간

하나

나는 사실...

정기적으로
연재해야 하는 웹툰을
그리기에는...

지나치게 게으르다.

걸그룹 XX, 드디어 소녀 이미지 벗고
음악으로 승부한다.

그렇게 검색질 시작...

스마트폰질 시작...

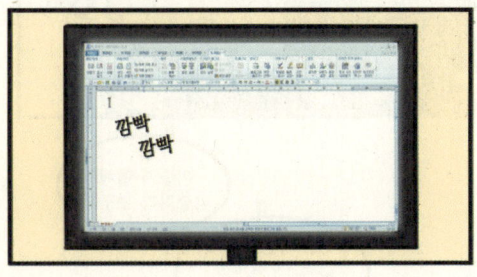

매번 미감을 놓치고
만다.

내가
사는
세상

세계의 끝과
하드보일드 원더랜드

둘

내가 서울로 올라오고
나서 꽤 시간이 흐른
후에... 회사일 때문에
건강검진을 했는데...

난데없이 폐결핵 판정을
받았던 적이 있다.

당시에는 몸에 아무런
증상도 느끼지 못하고 있
던 참이라 폐결핵이라는
판정은 뭔가 거짓말
같았기 때문에...
처음에는 폐결핵이라는
것을 거부하고 싶었다.

그래서...

큰 병원...

더 큰 병원...

그리고 결국에는...
대학병원까지 가보고

거금을 들여 CT도
찍고 이것저것 다
해보았지만...

폐결핵 입니다.

거짓말...

진짜임

거짓...

진짜라고.

역시 폐결핵이었다.

지금도 그렇지만
당시에도 소설가를
꿈꾸고 있을 때인 터라...

어쩐지 내가 꼭 폐결핵
으로 요절한 이상이나
카프카가 되기라도
한 것처럼 느껴졌고...

그래서 나도 꼭 그렇게
죽을 운명을 가진...

이것이야말로 세기에
남을 내 걸작이다...

요즘에는 세상이
좋아져서 폐결핵 따위는
약만 잘 먹으면
완치된다는
의사 선생님의 말에
어딘가 모르게
섭섭하기도 했다.

아무튼 그렇게 약을 먹기
시작했는데...

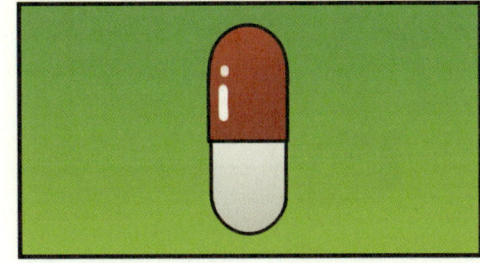

그 약이 한두 개가 아니
었다. 게다가...

약이 너무 독해서...
몸이 도무지 약을 받아들
이지 못했다.

결국, 회사 업무도
도저히 진행되지 않을
만큼 고생을 하던 나는...

황당하게도... 병이 아닌
약 때문에 고향으로
잠시 내려가 요양(?)을
하게 되었다.

뭐 약을 먹지 않으면
되지 않느냐고 말할
수도 있겠지만...

잉?
누구지?
모르는 번혼데?

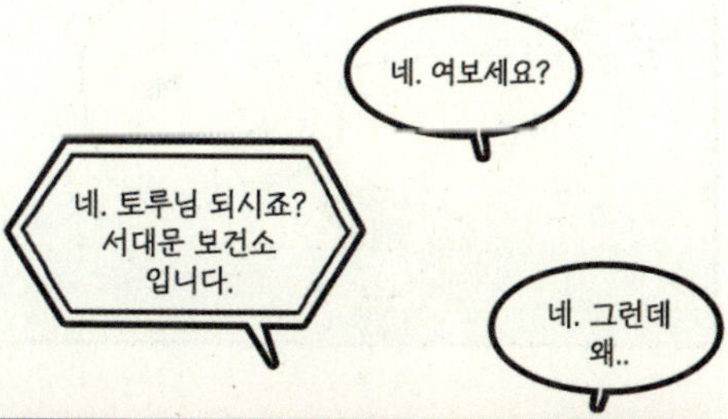

네. 여보세요?

네. 토루님 되시죠?
서대문 보건소
입니다.

네. 그런데
왜..

네. 다른 게 아니라
약을 지난달부터 받아가지
않으셨더라고요.
폐결핵은 국가 전염병으로
분류되어 있어서 질병관리본부에서
관리를 합니다.
얼른 약 받으러 오세요!

. . . .

결핵은 전염병이라서
국가적인 차원에서
관리를 하기 때문에
어쩔 도리가 없었다.

잡았다
요놈!

결국 그렇게 고향에
내려간 내가 하는
일이라고는...

약 먹고...

흐느적거리는

생활의 무한 반복이었다.
그런 생활 속에서...

어디 가세요?

온종일 정신을 놓고
있다 보면 새벽에 잠이
깨서 농사일을 나가시는
부모님을 마주칠 때가
있는데...

밭에 가야지.

부모님들은 언제나 해가
뜨면 밭으로 가시기 마련
이었다. 그리고 나면
텅 빈 집안에 나만 홀로
덩그러니 남아있게
되기가 일쑤였다.

그럴 때면 유일하게
내 곁에 있는 것은...

어머니가 얼마 전에
주어 온 강아지 똥꼬
(진짜로 어머니가 직접 이렇게
지으셨음) 뿐이었다.
그런데 언젠가는...

늘어지게 자는 똥꼬를
보며 그런 생각을 했던
적이 있다.

그런데...

그 모습이 딱 내 모습
이었다.

하지만 그런 똥꼬도
밥을 먹어야 할 시간만은
기가 막히게 알아서
일어났는데...
마치 그 녀석 안에
시계라도 있는 것 같은
느낌이었다.

아무튼 그리고 그건
내가 약을 먹어야 할
시간이라는 것을 의미
하기도 했다.

그러다가 생각하게 된
것은...

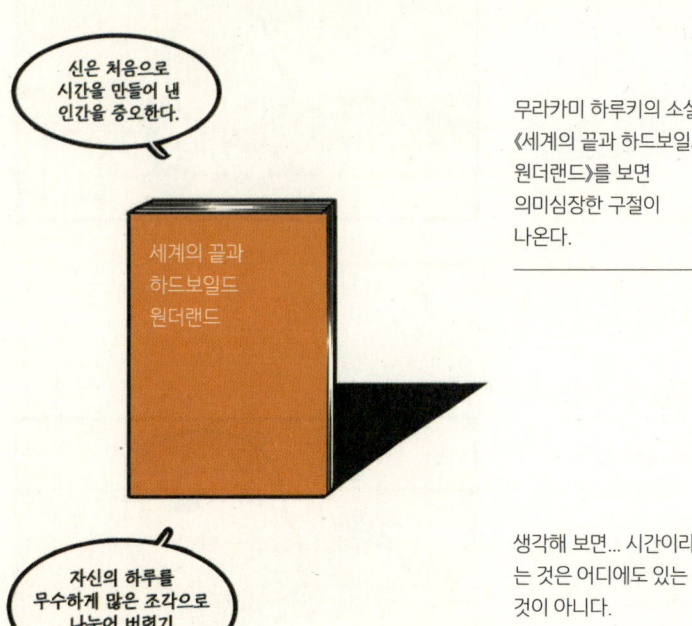

무라카미 하루키의 소설
《세계의 끝과 하드보일드
원더랜드》를 보면
의미심장한 구절이
나온다.

생각해 보면... 시간이라
는 것은 어디에도 있는
것이 아니다.

뭔가 있기는 있는 것
같은데... 그게 뭔지는
모를 어떤 것에

일정한 간격으로
선을 그어 놓고
이 선들을 '시간'이라고
부르는 것이다.
그래서 어떤 것은...

2013년 11월 21일 16시
37분 47초...가 되는
것이고 어떤 것은...

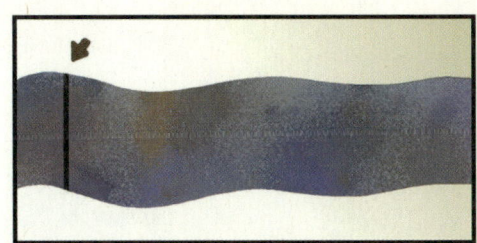

4123년 9월 30일 17시
32분 27초...가 되는
것이다.

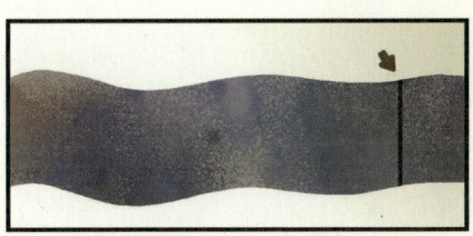

물론 여기에는 더욱
복잡한 메커니즘이
있지만, 간단히 표현하자면
그런 게 된다는 말이다.
그런데 이렇게 누군가가
그어 놓은 선들은...
우리의 삶은 기준이
되고, 약속이 되고,
족쇄가 되어 우리를
속박하기도 한다.

내가
사는
세상

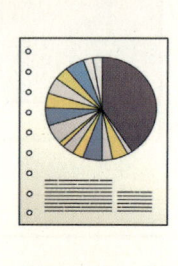

플래너

셋

몇 해 전에 사서 한동안
잘 쓰다가 더 이상 쓰지
않는 플래너가 있다.

바로...

이 사람의 이름을 따서
만든 플래너 였는데...
한창...

"성공한 사람들의
몇 가지 습관"이라던가
"성공의 절대법칙
몇 가지"라던가...

아무튼 "나처럼 살아서
성공해라!" 류의 강의가
유행할 때 장만했던
플래너다.

...라는 그 사람의 말을
증명이라도 하듯이
주구장창...

시간을 쪼개고...

쪼개고...

또 쪼개서...

계획하라고 말한다.

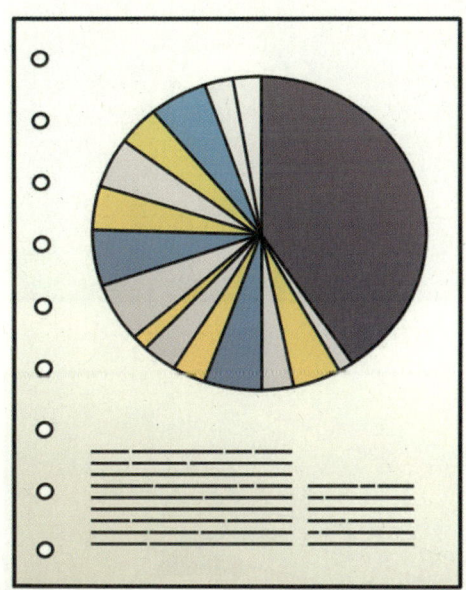

그리곤 플래너에
계획한 대로 살면...

나도 성공한 사람이 될
수 있다고 말했다.
시간은 통제할 수 있고...

통제된 시간은
돈이 되니까.

하지만... 이상하게도
시간을 통제하면 할수록
통제가 되는 것은 오히려
나 자신이었다.

'잉여'가 사라진 플래너
속에서 나는...
무엇을 위해 그랬었는지도
잊어버리고 매일매일
무슨 무슨 원칙에 따라
살아야 했고...

"미래의 더 나은" 나를
위해 있는지 없는지 알
수도 없는 사명과 목적과
이상과 비전을 위해
"현재"를 버려야 했다...

내가 시간을 통제하는
것이 아니라 시간이
나를 통제하는 꼴이
되어 버렸다.

내가
사는
세상

모던 타임즈

넷

유느님을 제외하고...

내가 가장 좋아하는
코미디언은...

찰리 채플린이다.

동시대 사람도 아닌 찰리
채플린을 좋아하게 된
결정적인 이유는 바로...

이 영화 〈모던 타임즈〉
때문이다.

한때 영화 허세에 절어
고전 영화들을 꾸역꾸역
집어삼킬 때가
있었는데...

...솔직히 재미는 없었다.
〈모던 타임즈〉도
이때 만났었는데...

우려 반, 기대... 반의
반의 반의 반 정도로
만난 찰리 채플린은...

내 우상이 되었다.
내 머릿속에서 채플린의
이미지를 단박에 예술가
로 바꿔버리는 역할을
했던 〈모던 타임즈〉는...

컨베이어 벨트 위의
부속품처럼 살아가는
사람들의 이야기이다.

공장과 백화점 등
현대문명을 상징하는
배경 속에서 상황이 연출
되는 〈모던 타임즈〉는
기계화된 사회를 보여
주는 것이기도 하지만...

346

화장실을 가는
시간까지도 체크카드를
찍으며 관리되어야 하는
합리성, 효율성, 자동성,
정확성의 시간을 보여
주는 것이기도 하다.

그래서 제목이... "Modern
Times"이고... 영화의
오프닝도
시계를 배경으로 하고
있다. 그리고 이런 "근대적
시간", "자본주의적"
시간 속에서 적응하지
못한 인간, 혹은 그것을
거부하는 인간...

찰리 채플린을 보여준다.

영화의 또 다른 오프닝인
양 떼에서 유일하게 검은
염소는 그런 찰리 채플린
을 상징하는데...

"Time is Money."라는
세상 속에서...
자신의 시간을 유지하는
검은 염소 찰리 채플린은
그 속에 낄 자리가
없었다.

몇 개월에 걸쳐
예술 작품을 만들어 내는
장인은 더이상
이 세계에서 견디어
낼 수 없는 것처럼...

틀에 박히고 정해진 노래
말은 외우지도 못하고
자신의 느낌 그대로의
노래밖에 부르지 못하는
찰리 채플린은...

스스로 그 자리를
떠나야 했다.
Modern Times 속에서는
My Times를 찾을 수
없었기 때문이었다.

내가
사는
세상

나의 시간

다섯

찰리 채플린처럼,
Modern Times 속에서
병을 얻고 거기를 떠나
고향으로 돌아온 내가 할
수 있는 일이 많을 리가
없었다.

그저 한 마리 잉여처럼...
시간을 보내는 것이 고작
이었는데...

그래도 그 와중에 간혹
컨디션이 좋아질 때마다
하는 일이라곤...

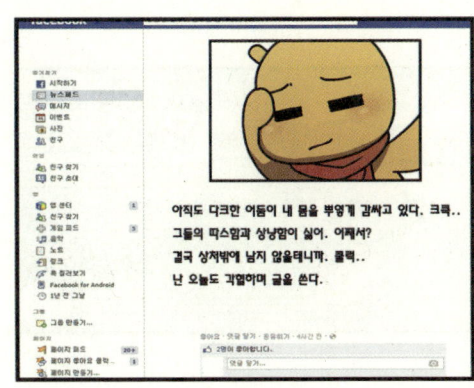

중2병 가득한 페북질과...
간간히 도서관엘 가서
끄적끄적

책을 읽는 것이...

... 전부였다.

아무튼...
아버지가 읍내의 조그만
도서관에 내려 주시면,
나는 온종일...

그러니까... 부모님이
밭에서 돌아오다 다시
나를 태우러 오실 때까지
도서관에 있었다.

그러면 나는 도서관에서
가끔은 책을 읽었고,
대부분은...

멍~하니 앉아 있을 때가
많았다.
그러다가 배가 고프면...

근처에서 천천히 밥을
먹었고, 졸리면...

도서관 쉼터 벤치에서
낮잠을 자기도 했다.

시계는...
별로 볼 필요가 없었다.
그런데 나는... 프랑스의
철학자 베르그송이

시간은 측정단위가
아니라 삶을 경험하는
방식이다.

앙리 베르그송
(1859~1941)

...라고 말했던 것처럼...

온갖 플래너와 시계,
즉 나를 통제하는 표준
시간을 버리고 나서야
비로소... 나의 시간을
"측정"하지 않고, "경험"
할 수 있었다.

그제야 나는 나의 시간을
살 수 있었던 것이다.

그리고 그것은
나에게 가장 소중한
순간들이었다.

내가 하는 인문학
My Times

미쳐야 사는 세상

미친 세상입니다. 10대에는 공부에 미치라고 하고, 20대에는 스펙에 미치라고 하고, 30대에는 재테크에 미치라고 하더니, 40대가 돼서 좀 한가해지려나 싶더니 인생 2막을 준비해야 한다나 뭐라나 또다시 공부에 미치라고 합니다. 애석하게도 50대, 60대가 된다고 달라질 건 없습니다. "공부하다 죽어라"라고 하죠. 어려울 때는 기본에 미치고, 순조로울 때는 혁신에 미치고, 젊어서는 사랑에 미치고, 나이 먹고는 자기계발에 미치고, 인문학에 미치고, 건강에 미치고, 심지어 꿈에도 미치라고 합니다. 세상이 미쳐서 미치라고 하는 건지, 미친 사람들이 세상을 미치게 만드는 건지 모를 노릇이죠.

　그런데 아이러니하게도, 그렇게 미치도록 살았음에도 후회할 것은 또 뭐가 그리 많은지……. 20대에 알았으면 좋았을 것이 수십 가지요, 30대에 알아야 할 것은 기백 가지인데, 40대에 깨닫는 것은 또 몇 가지입니까? 50대, 60대에는 어떻고요?

미치게 살고 더럽게 후회하는 것이 우리네 삶의 일반적인 모습인지, 아니면 그렇게 미치고 후회하며 사는 것이 정답이라는 건지, 그것도 아니면 다른 사람들도 다들 이렇게 미치고 팔짝 뛰는 중이라고, 너만 그런 거 아니라고 위로하는 건지 모를 노릇입니다.

이런 노릇이고, 그런 판이니 쉴 새 없이 달리고, 시간을 쪼개고, 몸 던져 일하고 자기계발에 환장하며 살 수밖에, 다른 도리가 없어 보입니다. 시간은 더 이상 나의 시간이 아니게 됩니다. 시간을 사채업자에게 대출받아 오기라도 한 것처럼, 밀린 이자 갚듯이 부랴부랴 메우며 살아갑니다. 맙소사! 이거야말로 하우스 푸어(house Poor), 워킹 푸어(working poor)와 다를 것 없는 타임 푸어(time poor) 아닙니까. 시간이란, 곧 삶일진대, 삶을 빚지고 살아가는 꼴입니다.

시간

당연한 이야기이지만, 글을 쓸 때나 읽을 때나 누군가 인용한 것을 또 인용하여 쓰는 2차 인용을 그다지 좋아하지 않는 관계로, 저 역시 글을 쓰는 와중에 어떤 구절을 인용해야 할 경우, 가능한 끝까지 원문을 찾아보려고 노력합니다. 하지만, 애석하게도 정말 좋아하는 말 중에는 간혹 도저히 출처를 찾을 수 없는 말이 있습니다. 그럴 때면 " '새로운 모든 것은 망각의 결과'라는 솔로몬의 말을 프랜시스 베이컨이 인용한 것을 보르헤스가 인용했던 것을 다시 진중권이 인용한다"[1]라고 진중권이 썼던 것처럼, 저도 그 인용구를 2차 인용으로 사용할 수밖에 없게 됩니다.

그래서 무라카미 하루키의 소설 《세상의 끝과 하드보일드 원더랜드》에서 단지 한 도막으로 언급됐던, 게다가 그저 등장인물의 입을 통해 아주 잠시 '어느' 그리스인의 말이라는 정도로 잠깐 등장했던, "신은 처음으로 시간을 만들어낸 인간을 증오한다. 자신의 하루를 무수하게 많은 조각으로 나누어 버렸기 때문이다"라는 말을 다시 문성준이 인용합니다. 제가 상상할 수 있는 거의 모든 텍스트를 뒤졌음에도 발견하지 못했기 때문에, 그 원문의 맥락이 무엇인지는 무시하고, 이곳에서는 그 인용구의 의미만을 다루고자 합니다.

시간이란, 우리가 너무 당연하게 여기는 일상에서부터 삶의 가장 깊은 곳 내밀한 구석에까지, 가장 멀고 먼 역사의 기억에서부터 바로 지금 이 순간까지, 영원에서 찰나까지, 모든 곳에 있고, 모든 순간에 있습니다. 우리는 시간을

---

1. 《씨네21》(869호), 〈[진중권의 미학 에세이] 인용의 전쟁〉, 102~103쪽.

벗어나 생각할 수 없으며, 시간이 없는 공간도, 순간도 상상할 수 없습니다. 알 것 같다고 생각하는 순간 도무지 알 수 없게 되는 그 무시무시하고 거대한 사유의 영역이 시간입니다. 그래서 아우구스티누스는 자신의 책 《고백록》에서 "만일 아무도 내게 묻지 않는다면 나는 시간이 무엇인지 알고 있습니다. 그러나 물어오는 사람에게 설명하려고 하면 나는 시간이 무엇인지 모르게 됩니다"라고 한탄 비슷하게 써 놓기도 했더랍니다. 그만큼 시간에 대해서 사유하는 게 어렵다는 말이죠. 혹자는 '시간에 대한 사유'를 사유의 극단이라고 말하기까지 합니다. 도대체 이 시간이라는 게 뭐고 시간을 철학적으로 생각한다는 건 뭐길래 이렇게 어렵다고들 하는 걸까요?

시간에 대한 철학적 사유란, "서기 2015년" 따위의 수치적인 것이 아니라 이 형용할 수 없는 덩어리를 우리가 어떻게 받아들이는가 하는 것입니다. 아우구스티누스의 《고백록》 이후 칸트, 베르그송, 후설, 하이데거, 메를로 뽕띠 등 이름도 어려운 철학자들이 다루었던 시간에 관한 사유도 바로 이런 '덩어리'에 관한 사유이죠.

우리가 단편적으로 "서기 2015년 8월 21일 오후 10시 33분 27초"라고 말하는 것은, 단순히 이 덩어리에 어떤 한 순간을 특정지어 인간의 언어로, 인간의 의식으로 줄을 그어놓은 것일 뿐입니다. 하루키의 소설에 등장하는 인용구도 그런 의미에서의 덩어리를 하루라고 말한 것이고요.

관점주의(Perspektiveßmus)

정체불명의 덩어리, 그리고 그것에 그어 놓은 줄이 시간
이라는 말은, 시간이라는 것이 실은 절대적인 것이 아닐
수 있다는 사실을 역설합니다. (물론 아인슈타인이야 예전에 증명
했지만, 우리 삶에서 말이죠) 시간은 자연적인 것이 아니라 단순
히 우리 사회에서의 약속일뿐이고, 권력을 쟁취한 집단의
표식이고, 기호일 뿐이죠. 세종 16년, 고종 4년 등 역사적
으로 왕이 바뀔 때마다 연호도 바뀌게 되는 것처럼, '서기'
라는 연호도 예수 그리스도를 왕으로 보는 서양의 기준을
따른다는 것과 그다지 다를 것이 없습니다. 예컨대 '서기'
2014년이라는 말은, 그저 예수 그리스도의 탄생을 기준으
로 할 뿐인, 보편화된 서양 권력의 효과이죠. 이것이 너무
보편화 되어있고, 당연해진 사회이기 때문에, 우리는 아무
런 의심 없이 그것 속에 살고 있고, 그것에 의문을 가져본
적이 없을 뿐입니다.

이러한 서구식 표준 시간에 근대의 합리성과 체계성, 계
량화가 접목되어 점점 더 시간에 의해 우리의 삶이 옭아매
어 지고 있는 것이죠. 미분화된 세상의 시간 속에서 시계
라는 근대성의 표상에 의해 우리는 째깍거리는 초침에 떠

밀려 살아가는 것입니다. 그래서 시간을 쪼개면 쪼갤수록, 계획을 세우면 세울수록, 우리의 삶은 점점 더 각박해지는 것이 보통입니다. 여유를 위해, 효율을 위해 세운 계획이 기업이나 사회의 생산성은 높이지만, 개인의 삶의 생산성은 어떻게 만들고 있는지 생각해볼 문제입니다.

물론, 사회 속에서 살 수밖에 없는 우리는 당연히 그것에 영향을 받을 수밖에 없지만, 만약 그것이 나의 삶을 갉아먹고, 착취하고, 힘들게 하는 것이라면, 우리는 그것을 조금쯤 다른 눈으로 보아야 할 필요가 있습니다. 그러기 위해서는 또 니체를 꺼내봐야겠군요. 일단, 2부의 주된 주제가 '니체'라는 사람의 철학이니만큼, 어쩔 수 없는 일입니다.

니체의 인식론은 이런 당연함, 근대성, 효율성, 객관성, 합리성에 대한 의심입니다. 그의 인식론은 한 마디로 '관점주의(Perspektiveßmus)'라고 말할 수 있습니다. 관점주의, 말 그대로 세상에 절대 불변의 진리란 없고, 다만 개인의 '관점' 만이, 그리고 그에 따른 해석만이 존재한다는 것이죠.

그럼, 관점주의에 관해 설명을 해야 하는데, 그보다 먼저 짚고 넘어가야 할 것은 그렇다면 과연, 인식론이라는 것이 도대체 무엇인가 하는 것입니다. 철학적 개념의 대부분이 그러하듯이 이 인식론이라는 단어 역시 상당히 복잡하고 다층적인 역사와 의미 작용을 가집니다. 그러니 먼저 가장 보편적이고 사전적인 의미에서의 인식론을 보죠. 사전적 정의에 따르자면, 인식론이란, '인식, 지식의 기원, 구조, 범위, 방법 등을 탐구하는 학문'이라고 되어있습니다. 하지만 언제나 그렇듯이 사전적 정의는 딱딱하고 어렵죠. 쉽게 설명해 봅시다. 인식론이란, '나와 대상 사이의 관계에서 내가 대상을 어떻게 바라보느냐는 질문에 대한 대답'입니다.

예컨대 창밖에 나무가 있고, 내가 나무를 바라볼 때 우리는 그 나무를 '광합성 작용을 하는 엽록소와 섬유질의 집합체'로 볼 수도 있고, '아낌없이 주는 나무'로 볼 수도 있습니다. 전자의 경우는 과학적 인식론이 될 테고, 후자의 경우는 억지로 끼워 맞춘다면 인문학적 인식론이 될 것입니다.

그러니까 니체의 인식론이 관점주의라는 것은, 니체가 보기에는 우리가 세상을 보는 것은 모두 "우리 개개인의 '관점'일 뿐"이라는 것이죠. 모든 인식을 '응시자의 해석'으로 규정하는 것입니다. 인식, 말 그대로 세상을 보는 시각에 절대적인 것은 없고, 그 세상을 보는 사람의 관점이 들어간 해석일 뿐이라는 말입니다.

그런데 어째서 인간은 세상을 해석할까요? 간단합니다. 써먹기 위해서죠. 누군가가 나무를 '광합성 작용을 하는 엽록소와 섬유질의 집합체'로 보는 것은, 나무를 그렇

게 봐서 광합성을 하는 엽록소와 섬유질로 뭔가를 해보겠
다는 것이거나 아니면 그걸 분석해서 연구 실적이라도 내
보겠다는 말이죠. 아니면 시험 점수를 높이기 위해서라던
가요. 요컨대 어떤 식으로든 자신에게 유용하게 쓰기 위해
나무를 그렇게 뜯어보는 겁니다. '아낌없이 주는 나무'라고
보는 사람은 그 나무를 감성적으로 보는 것이거나, 아니면
진짜로 나무를 홀라당 베어 갈 생각으로 그렇게 보는 것이
라고, 니체는 생각했던 것입니다.

우리가 어떤 것을 보고(여기서 '본다'는 개념은 그것을 만진다거나 냄
새 맡는다거나 생각한다거나 하는 인간의 모든 감각을 포함한 개념입니다)
그것에 대해 생각한다는 것은 어떤 방식으로든 우리의 쓸
모에 기준을 맞춰 생각할 수밖에 없습니다. 인간은 경제적
인 동물이며, 경제적일 수밖에 없는 동물인 것과 마찬가지
죠. '경제적인 동물이 돈을 그따위로 낭비해?'라고 생각하
실 수도 있지만, 돈을 낭비하는 것조차도 경제적으로 하는
게 인간입니다. 아무리 쓸모없는 행위를 하더라도, 심지어
경제적이지 않은 행동이나 경제적인 것과는 완전히 반대되
는 행동을 할 때조차도, 인간은 최대한 경제적으로 비경제
적인 활동을 하는 것이죠. 즉, 아무리 내가 대상을 무심하
게 보려고 발버둥 쳐봐도 그것을 인식하고 있는 동안에는
대상에 대한 '나의' 해석이 들어갈 수밖에 없다는 것입니다.

이처럼, 우리가 하는 모든 종류의 인식은 해석작용입니

다. 아름다움에 대한 인식이나, 도덕과 정의에 대한 인식처럼 주관적인 것뿐만이 아니라, 심지어 수학적 인식, 물리학적 인식, 과학적 인식 등 모든 인식 활동도 해석이라고, 니체는 말합니다. 그리고 이 모든 해석은 인간이 하는 것이기 때문에 언제나 '더 나은 삶'(니체가 상승적 삶이라 부르는)을 위한 것이고, 그런 의미에서 해석은 대상을 '더 나은 삶'에 유용한가, 그렇지 않은가로 평가하는 가치 평가 행위가 됩니다. 왜 가치평가 행위냐고요? 간단합니다. 그 대상의 가치를 평가해야 그게 우리에게 쓸모가 있는지 아닌지 판단할 수 있기 때문입니다. 그런데 이것은 그 대상에 가치를 부여하는 것이라고 볼 수도 있죠. 길에 놓인 돌멩이도 우리가 그것을 인식하기 시작했다면 그게 '쓸모가 있다'거나 '방해가 된다'거나, 어쨌든 가치를 부여하는 행위라는 말입니다. 동시에 가치평가는 우리가 대상에 대해 특정한 의미를 부여한다는 말과 같습니다. 플라스틱 덩어리일 뿐인 어떤 것에 제가 의미를 부여하면 보드마카가 되어서 제가 강의할 때 유용하게 쓰이는 것과 마찬가지죠. 그러므로 해석은 가치평가이며 동시에 가치 창조이고, 의미평가며 동시에 의미창조입니다.

이런 식으로 인식을 해석으로 정의한다면, 우리는 어떤 것에 대해 이야기 할 때 그것에 대한 '실제 그것 자체'는 알 수 없고, 우리의 해석만을 말할 수 있습니다. 무엇을 보는 순간 우리는 그것을 판단하지 않을 도리가 없기 때문이죠. 이런 논리에 따르면 해석되지 않는 것은 애당초 인식되지 않는 것입니다. 여러분이 지금 아마존에 살고 있는 남비콰라족의 울렐렐쿨렐레 족장 네 번째 아들의 세 번째 강아지의 이름을 모르는 것은, 그게 우리의 삶과 아무런! 진짜! 전혀! 아무런 영향도 없기 때문에 해석하지도 인식하지도 않고, 그러므로 우리의 삶에 그건 없는 것이나 마찬가지입니다.

그러므로 사실 그 자체에 대한 인식은 모두 주관적인 것이 되는 것이죠. 즉 객관성, 절대성이 불가능하게 된다는 말입니다.

물론, 이것은 현대 과학적인 맥락에서 보자면 참이 아닙니다. 현대과학에서는 객관성이 어느 정도 존재하죠. 그런데 인간은 일상의 생활에서 엄밀하게 과학적 객관성으로 뭔가를 인식할 수 없습니다. 애당초 원자의 99.99퍼센트는 텅 빈 공간이기 때문에 사실 우리가 보는 모든 것은 허구인데, 그렇다고 "이 세상은 모두 가짜야!"라며 살 수는 없잖아요. 이런 인식은 형이상학적 선문답이거나 과학적 연구과제로 남겨 두어야 하는 영역입니다.

반면 우리의 실존적인 부분, 특히 나의 삶에 관한 문제를 어떻게 인식하느냐에 대한 니체의 인식론은 상당히 의미 있는 '인식론적 전회'입니다.

니체에게 있어서 인식과정의 첫 출발은 '인식 가능하게 만듦'입니다. 인식대상, 즉 우리가 관계 맺는 대상과 심지어 인식하는 주체인 나 또한 니체의 철학 안에서는 '모든 것은 변한다'라는 전제를 공통점으로 가지고 있습니다. 실제로 단 한 순간도 변하지 않는 순간은 없죠. 우리의 인식은 시간 속에서 이루어지기 때문입니다. 인식이 진행되는 한, 시간 속에 사는 우리는 항상 변할 수밖에 없습니다.

그러므로 "나는 자전거를 본다"라고 하였을 때, 니체 인식론에서의 주체, 즉 '나'는 자전거와 관계된 주체이며 끊임없이 변화하는 존재입니다. 그런데 '나'만 변할까요? '내'가 바라보는 대상인 '자전거' 역시도 끊임없이 변합니다.

하지만 끊임없이 변화하는 것은 "이것은 무엇이다"라고 인식할 수 없습니다. "이것은 무엇이다"라고 테두리를 긋는 그 순간에도 그것은 변화하며, 사실은 그 테두리조차도 변하기 때문입니다. 그래서 무언가를 인식하기 위해서는 그것을 포착할 수 있는 것으로 가정하여 인식해야 합니다. 인식 불가능한 이런 변화들을 인식 가능하도록 변하지 않는 것으로 만들어야 하죠. 즉, 우리가 인식하는 모든 것은 이미 우리의 '인식(가능)하고자 하는 욕구'가 개입된 존재이며, 그러므로 모든 인식되는 대상은 우리의 '의지'가 들어간 대상입니다.

이런 방식으로 인식대상은 우리의 인식과정에서 인식 가능하게 '만들어'지고, 그래서 비로소 우리에게 인식됩니다. 그래서 니체는 아래와 같이 말합니다.

"인식과 생성은 배타적이다. 따라서 '인식'은 다른 어떤 것이어야만 한다 : 인식 가능하게 만드는 Erkennbar-machen 의지가 선행되어야만 한다. 즉 특정류의 생성 자체가 존재자라는 허위를 만들어야만 한다."[2]

즉 같지 않은 것을 같게 만들어 범주화, 체계화하는 것이죠.

차별화될 수 있는 지점들은 없애버리고 비슷한 것으로만 묶어서 닮음으로 엮는 것이 개념, 종, 형식, 법칙 등입니다. 그런데 이러한 것은 순전히 우리의 생각 속에서만 일어나는 것이 아니죠. 우리의 감각기관 역시 이런 공통성으로 묶인다고 니체는 말합니다. 예를 들어, 우리가 카페 앞을 걸어가다 커피 향을 맡고 커피를 떠올렸을 때, 우리는 이미 알고 있는, 하지만 그 순간에 맡은 향과는 완전히 다른 예전 커피 향으로 그 순간의 커피 향을 끼워 맞춰 그

---

2. 프리드리히 니체, 《유고(1887년 가을~1888년 3월)》, 백승영 옮김, 책세상, 2000년, 60쪽.

것을 커피향으로 느끼는 것입니다.

글이 좀 복잡해졌지만, 쉽게 말해 지금 맡은 냄새를 예전에 맡았던 냄새 중 비슷한 것에 끼워 맞춘다는 것이죠. 사실은 완전히 다른 건데도 말입니다. 이처럼, 거의 본능적으로 우리 감각기관도 다른 것을 범주화하여 인식하며, 다른 것을 같은 것으로 인식합니다.

그러므로 모든 인식은 우리 스스로 그것에 의미를 부여하는 행위이죠. "이것이 무엇인가?"에 대한 대답은 '이것' 그 자체를 말하는 것이 아니라, 우리가 '이것'에 대해 명칭을 부여하고 속성을 부여했기 때문에 '이것'이 되는 겁니다.

대상 자체가 아니라 대상에 대한 우리의 인식을 말하는 것일 뿐이죠. 예를 들면 "세상이 아름답다"라는 말이 의미하는 바는 진짜로 세상이 아름답다는 것이 아니라, 그 말을 하는 '바로 그 사람'의 세상을 보는 시각이 아름답다고 말하는 것과 같습니다. 이런 니체의 인식론에 따르면 본질이라든지 실체라든지 무언가 원래 불변하는 어떤 것이 더는 소용없게 되는 것입니다.

하지만 이런 니체의 해석은 시작부터 오류입니다.

우리의 본능이 처음부터 반영되어 같지 않은 것을 같게 만든 것이기 때문에 시작부터 오류인 것이죠. 그래서 우리와 상관하는 세계는 거짓이라고 니체는 말합니다. 우리는 세계 그 자체에 대해서 직접적으로 관계할 수 없고, 그것에 대한 우리의 통로, 즉 인식의 체계만을 가질 수 있을 뿐입니다. 세계 그 자체는 우리에게 영원한 미스터리이고, 우리에게 우리만의 방식으로 인식된 세계일 뿐이죠. 우리가 가질 수 있는 세계는 오직 우리 스스로 만들어낸 '나의 해석세계'뿐입니다. 여기에서의 오류는 '틀린 것'이 아니라 사실과 '다른' 의미로서의 오류입니다.

그러므로 사실, 그 자체에 대한 엄밀하고도 객관적인 진리는 불가능합니다. 우리가 생각하고, 보고, 듣고, 만지고, 느끼는 모두가 결국 주관적인 것뿐인데 어떻게 객관적인 것이 있을 수 있겠습니까? 혹여나 있더라도 그것은 우리의 실생활과는 그다지 관계가 없는 영역일 것입니다.

하지만 이런 인식의 오류는 오류이기 때문에 우리의 삶에 유용하죠. 우리가 우리의 삶을 위해 스스로 만들어낸 삶의 방식이기 때문입니다. 인간은 오류보다는 더 참된 것을 요구하지만, 우리가 원자 속 빈 공간을 인식하는 수준의 생활이 불가능한 것처럼, 오류는 오류이기 때문에, 오류일 때만이 우리에게 유일하게 쓸모 있는 진리가 됩니다. 해석의 오류성 자체가 우리의 삶을 위해서 만들어낸 것이기 때문입니다. 즉, 객관적인 진리 대신 해석적 진리가 요구되는 것이죠.

이런 니체의 진리는 상대적이고 해석적이며 다수이고

시간제약적이기 때문에 진리는 절대성을 상실합니다. 그런데 이쯤 되면 이런 생각이 들겠죠? 이러한 니체의 의견 또한 하나의 해석일 뿐이라는 생각 말이죠. 맞습니다. 우리는 니체를 향해 "뭐야? 그럼 네 말도 오류라는 말이잖아"라고 말할 수 있어야 하죠. 하지만 재미있는 점은, 니체가 말했던 것처럼 '오류로서의 진리'이기 때문에 니체의 진리가 유용한 것이 된다는 점입니다.

My times

시간에 대해서도 마찬가지입니다. 절대적인 것처럼 보이는 365일, 24시간, 60분, 60초라는 표준 시간 역시 사실은 다시 한 번 생각해 볼 수 있습니다. 서기 2014년이라는 이 지점이 우리에게 필요하고, 그것이 많은 부분에서 유용하지만, 이 '유용성'이라는 측면을 잘 생각해 보아야 한다는 것입니다. 유용한 도구라는 말은 그 유용성이 더는 작용하지 않는 지점에서는 다른 관점으로 시간을 봐도 된다는 가능성을 열어줍니다.

물론, 망치가 밥을 먹는 데에 쓸모가 없다고 그것을 버릴 수 없는 것처럼, 표준시간, 사회적 시간이라는 것이 우리의 삶 중 어떤 부분에서 부정적인 역할을 한다고 그것을 버릴 수는 없습니다. 다만, 이러한 측정단위로서의 시간만이 시간의 전부는 아니라는 것이죠.

"시간은 측정 단위가 아니라 삶을 경험하는 방식이다"라는 베르그송의 말처럼, 사회적 영역에서의 시간을 위해 표준시간은 놔두되 개인의 영역에서의 시간은 삶의 시간으로서 경험의 영역에 두어야 한다는 것입니다.

기존의 가치관과 타인의 효율성, 기업의 합리성 등에 고통 받고 있는 부분이 어떤 것인지 돌아보고, 그것이 전혀 절대적이거나 자연적인 것이 아니라는 사실을 인지하여 그것을 거부하여도 됨을 아는 것이죠. 칼이 음식을 조리하는 데 쓰이지 않고 사람을 찌르는 데 사용된다면 그것이 흉기가 되는 것과 마찬가지로, '지금' '나'를 괴롭히고 있는 것이 무엇인지, 그것이 어떻게 구성되었는지를 알고 그걸 떨쳐버리는 것이 중요합니다. 잘게 쪼개진 시간을 다시 이어 붙이곤, 나의 잉여로움을 위해 시간을 사용하는 것이 어쩌면 경험하는 방식으로서의 시간일 수도 있습니다.

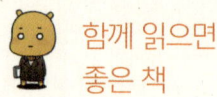

함께 읽으면
좋은 책

《바그너의 경우》,《우상의 황혼》,《안티크리스트》

니체의 많은 책 중 《바그너의 경우》,《우상의 황혼》,《안티크리스트》
는 '모든 가치의 전도'라는 하나의 맥락으로 묶일 수 있는 책입니다.

니체의 철학 작업 중 말기에 속하는 1888년경 니체가 몰두하고 있
던 문제 중 가장 중요한 것은 바로 '데카당스'라는 문제였습니다. 데카
당스, 즉 삶의 부정, 몰락을 나타내는 근대성을 향해 니체는 데카당스
라고 외치고, 동시에 그리스도교라고 외칩니다. 이때 쓰인 것이 이 세
권의 책인데, 니체는 먼저 《바그너의 경우》에서 바그너의 예술이 이상
주의를 무기로 하여 죽어버린 것, 삶에 위협적인 것, 삶에 부정적인 것
을 옹호하며 이상론을 펼치고 있다고 말합니다. 또한, 더 나아가 니체
는 데카당스의 종교인 그리스도교와 그들의 교리인 초월과 저세상에
대한 긍정을 바그너의 예술이 보호하고 있다고 생각하며 격렬히 비판
하죠.

그다음의 저작인 《우상의 황혼》은 '모든 가치의 전도'를 직접적으
로 내세우며 소크라테스를 이성=덕=행복이라는 공식을 등장시키는
데카당이라 비판하기도 하고, 역사적 감각이 결여되어 있는 철학자들
의 특성을 우상이라 하며 부수어버려야 할 것으로 설정합니다. 또한
〈어떻게 '참된' 세계가 결국 우화가 되어버렸는지. 어떤 오류의 역사〉

를 통해 플라톤에서부터 그리스도교를 거쳐 칸트에 이르기까지의 이분법의 변천사와 자신이 그것을 파괴하는 과정을 말합니다.

《우상의 황혼》 직후에 쓰인 《안티크리스트》는 그리스도교를 현대 세계의 가치 전체를 포함하고 있는 것으로 규정하여 공격합니다. 그런데 이 책은 흔히 오해되고 있는 것처럼, 예수를 비판한 것이 아닙니다. 니체는 이 책에서 예수에 대해 아주 긍정적이며 복음을 전파하고 사랑을 실천한 유일한 그리스도교인이라는 평가를 내립니다. 단지, 그것을 왜곡한 그리스도교와 사제들, 그리고 그것으로 인한 현대성을 비판할 뿐이죠.

07
My
Life

내가
사는
세상

학력

하나

고백이랄 것까지도
없지만...

나는 고졸이다.
아니...

정확하게 말한다면
대학 중퇴.

나는 여러 가지 개인적인
결심으로 다니던 대학을
중간에 그만두었다.
지금에야 어엿한(?)
직장도 다니고 있고,
내가 하고 싶은 일을
하고 있지만...

사회에 나와 보니...

사실 학력의 벽은
생각보다 높았다.

대학을 박차고 나왔을
때는 나름의 결의와 포부
같은 것을 가지고 그만둔
것이었지만

거듭되는 거절은 언젠가
부터 내가 스스로 한
결정을 내 콤플렉스로
만들어 버렸다.

나름의 방식으로 나의
길을 갈 거라던 다짐은...

가차없는 사회적 기준
앞에서 점점 희미해져
갔다.

사는 길과 기준이 정해져
있고

정상과 비정상이 정해져
있고...

다수가 가는 길이 정답이고
정의인 이곳에서
나는 이방인이자 이상한
사람이었고, 철이 없는
사람이었다.

마치 뫼르소처럼... 즉, 나는
"틀린" 사람이었다. "다른"
사람이 아닌.

그래서 그 엄청난
맞바람에 휩쓸려
비틀거리다 보니...

꿈은 언제부터인가
자취를 감추어 버렸고...

나도 대학을 그만두었던
의미도 잊은 채 그저
하루하루를 살아내고
있을 뿐이었다.

개미지옥 같은 세상
속에 함몰된 채로 말이다.

아무것도 보이지 않는...

깜깜한 수렁 속에서
세상의 벽을 더듬고
있을 때

어? 뭔가 있다.

내 앞에 나타난 것은...

계단인가?

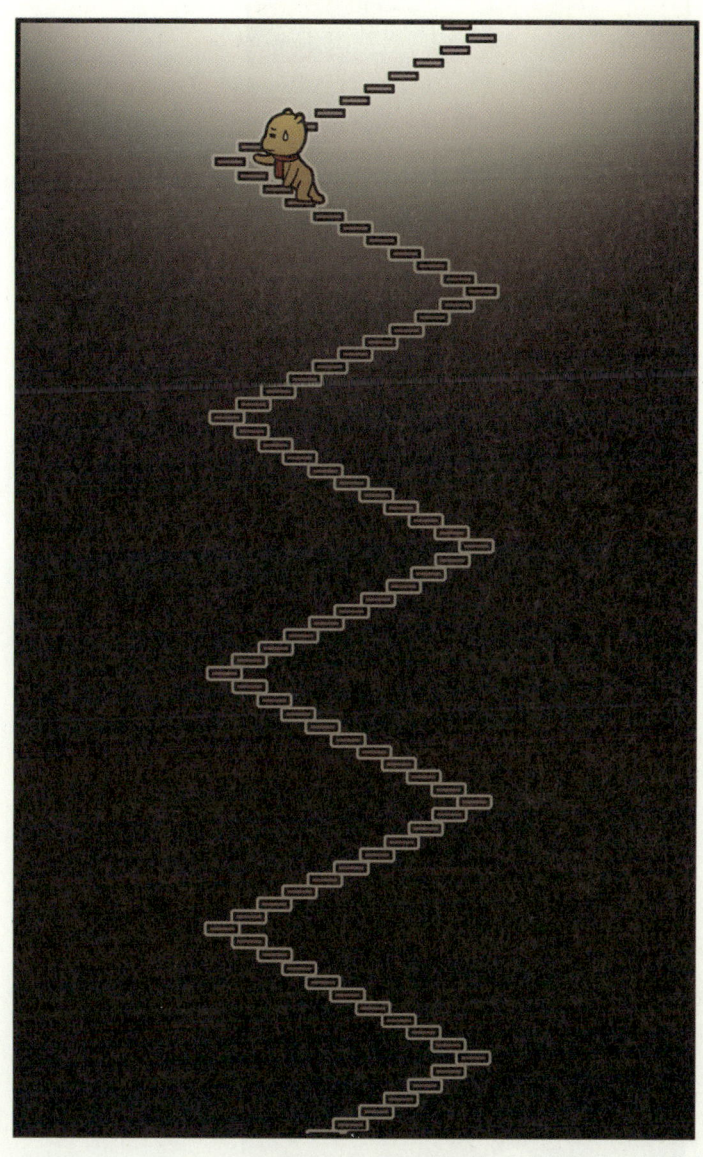

그 어두운 구덩이를 빠져
나올 수 있게 하나하나
계단이 되어준...

393

플라톤, 니체, 아리스토텔레스, 베이컨, 데카르트, 카프카, 카뮈, 칸트, 푸코, 라캉, 들뢰즈 등등...

멀리 있는 곳, 오래전에 살았던 사람들의 책이었다. 셀 수도 없이 많은 사람들이 무덤에서 나와 내 손을 잡아 주었고,

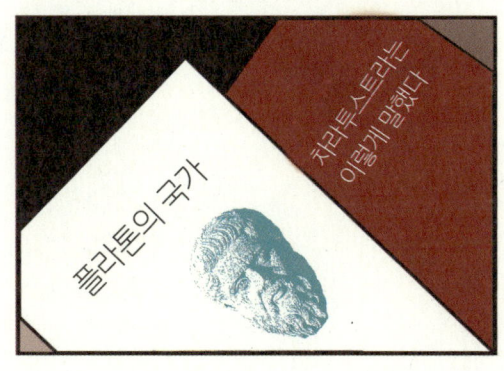

내가 지금 이런 내용을 직접 쓸 수 있을 만큼. 나를 단단하게 지탱해 주었다.

하지만 여전히 세상이 호락호락하지 않다는 건 함정...

내가 하는 인문학
My Life

교육

사람은 어째서 '그냥' 살 수 없는 것일까요? 왜 '그냥' 살지 못하고, 어떤 나이가 되어서는 대학을 나와야 하고, 예뻐져야 하고, 결혼해야 하고, 차를 사야 하고, 집을 사야 하고, 그것을 위해 이를테면 사용할 일이 전혀 없는 $\lim_{h \to 0} \frac{f(t+h)-f(t)}{h} = f'(t)$ 따위를 배우면서 정작 인간을 사랑하는 방법은 배우지 않는 것일까요? 왕조의 쇠락과 대동법이 시행된 연도는 잘도, 줄줄 외우게 하면서 사랑을 하고, 이별을 겪고, 그것을 다시 극복한 개인에 대해서는 말하지 않을까요? 절벽 속 지층의 구조니 사암이니 석회암이니 화강암을 놓고는 수십 가지의 문제를 만들어 내면서 왜, 절벽에 다다른 인간의 마음을 들여다보는 교육은 하지 않는 것일까요?[1]

　이 물음은 아주 어렸을 때부터 제 사고를 지배하던 물음 중 가장 큰 물음이었고, 그래서 저는 이 타협을 하지 못하

---

1. 박민규, 《죽은 왕녀를 위한 파반느》, 예담, 2009년 참고.

고 대학을 중도에 그만두었습니다. 그리고 더 중요하다고 생각되는 것을 배우려 이곳저곳을 떠돌았죠. 하지만 결론적으로 말하자면, 어디에서도 그런 것은 가르쳐 주지 않았고, 누구나 가르쳐 주었습니다. 이 모순적인 말은 사실 모순적이기 때문에 유용하고, 모순적으로밖에 쓸 수 없는 경험이었습니다.

그러다 보니 도저히 그럴 수 없는 학력과 자격임에도 불구하고 좋은 분들과 이런저런 행운 덕에 도서관이나 대학, 기타 기관 등에서 강의를 자주 하게 되었지만, 저는 수업을 시작할 때나 수업 중에 제 학력을 언급하지 않습니다. 이미 강사 프로필에 수록되어있는 경우에는 어쩔 수 없지만, 제 입으로 저의 학력이 어떻다는 말을 강의 전이나 하는 도중에 말하게 되면 어떤 방식으로든 제 말에 대해 고정관념이 형성되기 때문입니다. 이것은 우습지만, 노벨상을 거부했던 사르트르의 영향인데, 그것이 무엇이든 제 말에 대해 수강생들이 고정관념을 갖지 않기를 바라기 때문입니다. 사르트르가 그랬던 것처럼, 저 역시 제 외적인 요소가 저의 글과 말과 행동을 결정짓는 것을 결코 원치 않습니다.

흔히 제가 학력에 대해 말하지 않는 이유가 불이익 때문일 거라 생각하지만, 사실 그런 경우는 의외로 적습니다.

물론 평범하지 않은 학력, 특히 평균보다 낮은 학력이 처음에는 쉽사리 극복하기 힘든 장벽을 만듭니다. 하지만 이 벽을 넘고 나면 이런 약점은 오히려 일반적인 학력을 가진 것보다 더 유리한 점으로 작용하기도 합니다. 예컨대 '자격 미달'에서 '고난과 역경을 극복한 고졸신화'가 되는 것이죠. 그러나 김새는 말일 수도 있지만, 사실 저는 그다지 고난과 역경을 극복해 보지도 않았고, 학교를 그만둔다는 결정을 할 때도 간디가 비폭력운동을 하는 것이나 테레사 수녀가 인도의 빈민굴에 뛰어들었던 것처럼 대단한 결심과 결단을 했던 것도 아닙니다.

말하자면, 반쯤은 에라 모르겠다는 심정이었고, 또 반쯤은 어쩌다보니였습니다. 그저 삶에서 중요한 것은 내가 사랑하는 사람 곁에서 내가 하고 싶은 일을 하면서 사는 것이라 생각했을 뿐이었고, 그렇게 산다고 해서 굶어 죽을 것 같지는 않았기 때문이었습니다. 뉴 호라이즌스(New Horizons)호가 명왕성에 도달한 21세기에 굶어 죽다니, 그거야말로 명왕성에서 외계인을 발견하는 일보다 더 기적적인 일이 아닐 수 없다는 생각이었죠.

그러다 보니 이젠, 그럭저럭 굶어 죽을 것 같진 않게 되었고, 그럭저럭 먹고 살게 되었고, 그럭저럭 제가 하고 싶은 일을 하며 살 수 있게 되었습니다. 그래서인지 저는 과거의 어느 순간으로도 돌아가고 싶은 생각이 없습니다. 지

금에 만족하고 있고, 다시 살아도 지금보다 더 잘 살 자신
도 없고, 아마 학교를 계속 다닐 것인가, 아니면 그만둘 것
인가를 고민했던 그때로 다시 돌아간다 하더라도 저는 똑
같은 결정을 할 것이라는 걸, 누구보다도 제가 제일 잘 알
기 때문입니다.

정말 다행스럽게도 제 삶은 아찔할 만큼 기적적이었습
니다.

삶의 주인

헤겔이 말했던 것처럼, 너무 잘 알려진 것은 가장 알려지
지 않은 것이기도 합니다. 이것은 너무나 당연한 말이기
때문에 우리는 너무나 당연하게 잊고 사는 것, "내 삶의 주
인은 나다"라는 명제에도 완벽하게 적용되죠.

무언가를 알아감에 있어서 가장 큰 걸림돌이 되는 것은
재능의 문제도 아니고, 시간의 문제도 아니고, 정보의 문
제도 아닙니다. 우리가 누군가를 이해할 때, 무언가를 알
아갈 때, 심지어 나 자신을 볼 때조차도, 우리의 인식을 가
장 많이 방해하는 것은 바로 '알고 있다'는 착각입니다. 그
래서 너무 잘 알려진 것은 동시에 가장 알기 어려운 것이
됩니다. 이미 그것을 알고 있다고 생각해 버리기 때문이
죠. 알고 있는 것은 다시 알려고 노력하지 않는 것처럼, 우

리는 우리 삶의 주인이 우리라는 사실을, 당연히 알고 있다고 생각하며, 그것의 의미를 다시 한 번 생각해 보려 하지 않습니다. 그저, '그래, 맞아. 내 삶의 주인은 나지. 이걸 누가 몰라'라는 식으로 대충 넘어가죠. 그러면서 거의 모든 행위의 기준을 외부에 맞춰 결정합니다.

몇 살에는 무엇을 해야 하고, 그다음에는 당연히 이걸 해야 하고, 그 이후에는 또 다른 저걸 해야 한다고, 세상이 말하는 기준에 맞춰 결정하는 것이죠. 이것은 기본적으로 세상을 보는 시각의 문제일 수도 있습니다. 생각의 방식이 표면적인 것에 머무르면서 그 내부에 작용하는 이중적 관계를 파악하지 못하기 때문에 그것의 작용 효과를 우리는 짐작조차 못 하고 있는 것이죠.

삶의 주인이 된다는 것은 무엇을 의미하는 것일까?

그런 말이 있습니다. "삶을 살아 낸다"라는 말. 그것이 의미하는바, 그리고 그런 말을 할 수밖에 없게 된 바를 모르는 것은 아니지만, 이런 화법은 삶의 주인이 되는 것과 가장 거리가 먼 방식입니다. 삶을 나와 분리시켜 쟁취의 대상, 극복의 대상으로 만드는 것, 그것은 이미 내가 삶의 주인이 아니라는 것을 뜻하며 자신을 마치 아직 살아가고 있지 못하고 있는 어떤 존재로 만듭니다. 삶이란, 그 목적이 있어서 그것을 이뤄야 하는 것이 아닙니다. 예컨대 '삶의 목적'이 있는 것이 아니라, 삶 자체가 목적이고 행위이고 동시에 존재여야 합니다. 그래서 삶은 명사가 아니라 동사이죠.

삶의 주인이 사는 방식이란, 살아내는 것, 살기를 원하는 것이 아닙니다. 그 자신이 곧 생명인데 도대체 왜 살기를 또 원하겠습니까. 누군가가 만약 살기를 원한다면, 그것은 아직 살지 못하는 사람이거나, 혹은 자신의 삶을 인정하지 못하고 '진짜 삶'이 어디 다른 곳에 다른 형태로 존재한다고 생각하는 것이죠.

또한, 그것은 삶을 소유하고자 하는 욕구도 아닙니다. 그 자신이 주인인데 도대체 자신이 가진 것을 어떻게 또 가지려 하겠습니까? 그래서 차라투스트라는 말합니다. "과연 누가 지배(소유)의 욕구를 욕구라고 부르기를 원하는가?"라고요. 차라투스트라, 곧 니체의 입장에서 보자면, 소유의 욕구를 욕구하고 부르기를 원하는 자들은 노예들입니다. 자신의 삶을 소유하기를 원하는 것, 그것은 노예의 삶이죠. 이미 가진 것은 또 가질 수가 없습니다.

노예는 생각합니다. 주인들은 지배되고 있는 자신들(노예)을 지배함으로써 지배하고 있는 자신들(주인)의 소유를 인정받고자 한다고요. 노예들이 보기에 주인들은 소유자로서 인정받기 위하여 소유하기를 원한다는 것입니다. 그러나 이것은 그저 노예들이 생각하는 지배개념일 뿐이라고, 니체는 말합니다.

　오직 노예의 삶을 사는 사람들만이, 즉 자신이 가진 것으로부터, 심지어 자신의 삶으로부터 분리되어 비굴하게 자신을 부정하며 다른 어떤 허상의 삶을 욕망하는 노예들만이 삶을 소유하기를 원하며, 심지어 타인들로부터 자신들의 소유를 인정받길 원합니다. 마치 나는 부자가 아닌데 부자로 보이고 싶으니 값비싼 고가품을 몸에 걸치고선 "나는 이것을 소유할 수 있어, 어서 그 사실을 인정해!"라고 생각하는 것과 별반 다를 것이 없는 삶의 방식입니다. 부자는 굳이 그것을 인정받아야 할 필요가 없는 사람을 말하는 것이죠. 남들이 인정을 하든 말든 자신이 가진 부가 있는데 왜 구태여 그것을 인정받으려 하겠습니까.

　이것은 비단 돈에 속하는 것만이 아닙니다. 우리의 삶에서도 마찬가지이죠. 삶 자체를 자신의 것으로 살지 못하는 사람들만이 그것을 살려고 합니다. 살아있다는 것 자체가 삶이며 삶의 주인이라는 뜻인데 이것을 깨닫지 못하고 노예의 삶에 머물러 있는 사람만이 삶과 자신을 분리해 그것을 정복하고자 합니다. 삶이 자기와 하나임을 이해하지 못하고 분리하여 생각하는 자만이 그것을 쟁취의 대상, 극복의 대상, 획득의 대상으로 생각하기 때문이죠.

　반면, 주인의 삶을 사는 사람들은 자신들이 곧 삶인 사람들입니다. 자신들의 삶과 분리되어 있지 않는 사람들, 즉 자기의 삶이 곧 삶의 원인이고, 또한 목적이며 그것을 소유한 사람들, 그러면서도 그 삶을 실제적으로 사는 사람들입니다. 따라서 그들은 결코 삶을 나와 분리된 대상으로 고려하지 않습니다. 그들은 삶을 원하지 않으며, 다만 살 뿐이죠.

삶의 주인인 사람들은 목적을 삶 외부에 두지 않습니다. 그리고 목적을 외부에 두지 않으니 삶의 가치 기준 역시 외부에 의지하지 않게 되죠. 가치를 외부에 두면 기존의 가치, 명예, 부, 그리고 스펙이라고 일컬어지는 어떤 기준에 의해 자신이 좌우되기 때문입니다. 거의 대부분의 경우 절대적으로 따라야 할 그 어떤 기준이라는 것은 존재하지 않습니다. 단지 해석만이, 의미의 복수성과 관점만이 존재할 뿐이죠.

그러므로 흔히 '권력의지'로 번역되는 니체의 Der Wille zur macht는 그 명칭에서 풍기는 뉘앙스대로 외부의 어떤 권력을 추구하는 것으로 받아들여서는 안 됩니다. 권력의지를 권력을 원하는 의지로 해석할 경우 권력의지를 실현하는 삶은 명예, 부, 사회적인 능력, 스펙 등 기존의 가치에 의해 좌우되고 말 것입니다. 이것은 여전히 자신의 삶이 아닌 남의 삶을 사는 꼴이 되죠. 예를 들어 돈을 많이 버는 것이 가치 있는 삶이라는 누군가의 말에 의해 인생의 목표를 설정하고 그것을 추구해가는 삶을 산다면, 애당초 그 인생의 목적은 그의 것이 아니라, "돈을 많이 버는 것이 가치 있는 삶이다"라고 그에게 말해 주었던 바로 그 사람의 것이죠. 결국 그 사람의 인생은 자신의 삶을 산 것이 아니라 타인의 가치를 실현시켜주기 위해 대신 살아준 것이나 마찬가지가 되어 버리기 때문입니다. 마치 부모의 꿈이 의사이기 때문에 의사가 되어 부모의 삶을 대신 살아 주는 것처럼 말입니다.

그래서 니체의 관점에서 보자면 주인의 삶을 살기 위해서는 기존의 가치를 거부하는 것이 선행되어야 합니다. 가치란 본래 있는 것이 아니라, 오직 그것에 가치를 부여할 때만 생기기 때문이죠. 그래서 우리는 살아가며 접하는 모든 것, 모든 행위에 새로운 가치를 부여할 수 있습니다.

그리고 바로 그때야 비로소 사유하고 느끼며 살아가는 '나'의 행위와 연관된 모든 것이 나의 선택이 되는 것이고, 내가 나의 기준으로 선택한 것이므로 긍정할 수 있는 삶이 됩니다. 따라서 니체에게 있어서 삶이란, 그 어떤 객관적인 것이 아니라 그 삶의 주인이 '누구'인가, 주인의 시각을 가진 사람인가, 노예의 시각을 가진 사람인가에 달려 있습니다. 그가 자신의 기준으로 자신의 삶을 선택한 것인지, 그럼으로써 자신이 쌓아온 운명을 사랑할 수 있는 사람인지에 달려 있습니다.

여러분의 삶이 여러분 자신의 것이라면, 그 삶의 가치를
정하는 것도 바로 여러분이어야 합니다.

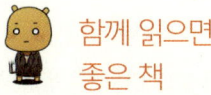 함께 읽으면
좋은 책

《차라투스트라는 이렇게 말했다》,《선악의 저편》, 《도덕의 계보》

니체의 책 중 가장 유명한 것은 누가 뭐래도 《차라투스트라는 이렇게
말했다》입니다. 철학에 관심이 없는 사람이라도 니체라는 이름은 한
번쯤 들어 보았을 테고, 니체를 아는 사람이라면 《차라투스트라는 이
렇게 말했다》가 그의 대표작이라는 것쯤은 당연히 알고 있을 겁니다.
이 책이 그의 작품 중 가장 유명한 것은 그 중요도 때문이기도 하겠지
만, 어느 정도는 '차라투스트라'라는 요상한 어감의 이름도 한몫했을
겁니다. 그래서 일반적으로 한 사상가의 책을 읽기 위해 으레 그러는
것처럼, 니체의 책을 읽어보기 위해서도 가장 먼저 손에 드는 책이 바
로 이 책 《차라투스트라는 이렇게 말했다》입니다.

결론부터 말하자면, 니체에 대한 전반적인 이해가 없는 상태에서 《차라투스트라는 이렇게 말했다》를 먼저 읽게 된다면, 열 명 중 아홉 명은 오해할 수밖에 없게 쓰인 책이 이 책 《차라투스트라는 이렇게 말했다》입니다. 이것은 니체가 말하고자 하는바, 즉 '절대적인 진리도, 정답도 없다. 그러므로 너는 타인의 기준이 아닌 너의 기준으로 너의 삶을 긍정하며 살아라'라는 것을 가장 효율적으로 말하기 위해 아포리즘으로 쓰인 책이기 때문입니다.

예컨대 "정답은 없다"라는 것을 "정답은 없다"라고 쓴다면, 이것은 자기모순입니다. "정답은 없다"라는 말을 받아들일 경우, 그 말도 정답이 아니라는 말이 되므로 "정답은 없다"라는 말은 거짓이 되어버리기 때문입니다. 이렇게 말로 표현하기 힘든 내용을 말로 하기 위해서는 '구조'를 사용하여야 하죠. 그렇기 때문에 니체는 《차라투스트라는 이렇게 말했다》를 아포리즘으로 썼습니다. 그것을 받아들이는 모두에게 각자의 의미로 다가갈 수 있게끔 하기 위해서죠. 내가 보았을 때는 이렇게 해석되고, 네가 보았을 때는 저렇게 해석되기를 원했기 때문에, 그것이 그가 말하고자 하는 "각자의 삶"을 긍정하는 "각자의 이해"이기 때문입니다. 니체가 말하는 대로 사는 것은 결국 니체의 가치를 수용하는 것이기 때문에 우리는 니체를 읽되 니체를 벗어나야 합니다. 그래서 니체는 《차라투스트라는 이렇게 말했다》에서 말합니다.

"나 진정 너희에게 권하노니, 나를 떠나라. 그리고 이 차라투스트라에 맞서 너희 자신을 지켜라! 더 바람직한 일은 이 차라투스트라의

존재를 수치로 여기는 일이다! 그가 너희를 속였을지도 모를 일이니. 깨친 사람이라면 적을 사랑할 줄 알 뿐만 아니라, 벗을 미워할 줄도 알아야 한다."[2]

그러다 보니 《차라투스트라는 이렇게 말했다》는 온갖 비유와 은유와 상징으로 점철되어 있습니다. 그래서 《차라투스트라는 이렇게 말했다》를 제대로 이해하고자 한다면, 먼저 니체의 다른 책들을 통해 니체가 사용하는 메타포들이 무엇인지를 알아가는 것이 좋습니다.

1886년 말비다 폰 마이젠부크에게 쓴 한 편지에서 니체는 《선악의 저편》이 100년이 지난 후인 2000년경에야 읽힐 수 있다고 말하고 있습니다. 그리고 지금 우리가 살고 있는 이 시간이 공교롭게도 니체가 말한 바로 그 시점이죠.

니체는 자신의 자서전 《이 사람을 보라》에서 《선악의 저편》을 두고 《차라투스트라는 이렇게 말했다》에 대한 주석서라고 말할 만큼 이 책은 니체의 후기 사상이라고 할 수 있는 모든 내용이 담겨 있습니다. 물론 주로 선과 악이라는 대립적 가치의 기원을 형이상학의 문제와 연관해 논의하고 있지만, 이 책 《선악의 저편》에는 《반시대적 고찰》에서 다룬 현대성 비판, 《인간적인 너무나 인간적인》의 자유정신의 문제, 《아침놀》의 도덕 비판과 인류의 미래에 대한 담론, 그리고 그 모든

---

2. 프리드리히 니체, 《차라투스트라는 이렇게 말했다》,
〈베푸는 덕에 관하여〉, 정동호 옮김, 책세상, 2007년, 130쪽.

것들의 종합이자 위버멘쉬를 제공한 《차라투스트라는 이렇게 말했다》 등의 문제의식을 모두 포함하고 있습니다. 위에 언급된 저서들의 중심 사상들이 다시금 반추되며 그 모습을 드러내고 있습니다.

《도덕의 계보》는 도덕사(道德史) 연구를, 니체 자신의 표현대로라면 딱딱하고 소화하기 어려울 정도로 많이 담고 있는 책입니다. 이 책에서 다루는 것은 도덕이론의 발생역사가 아니라, 도덕 혹은 가치의 자연발생사입니다. 인류의 새로운 도덕을 발견하기 위해서 도덕의 가치나 가치들의 가치, 또는 이런 가치들의 발생역사에 대한 탐구가 필요하다고 생각했던 니체는 '하나의 논박서'라는 부제의 《도덕의 계보》에서 도덕적 편견의 기원에 관한 논의를 비판적으로 다루면서 계보학을 통해 가치의 발생과 변형, 역사적 변화 과정을 추적해 들어갑니다.

후기

서문이 샴푸 뒷면의 주의 사항 같은 것이라면, 후기는 화장실 변기 뚜껑 같은 것입니다. 물을 제대로 내렸는지, 아니면 후발 주자에게 재앙이 될 만한 요소를 물려주고 나왔는지 긴가민가한 찜찜함을 남겨주기 때문이죠.

그 찜찜함이란, 긴 글을 쓰다 보니 어쩔 수 없이 따라오는 망각, 즉 '내가 뭔 소리를 했더라?' 같은 것입니다. 필요 이상으로 글이 늘어지지는 않았는지, 글이 쓸데없이 어렵게 쓰이진 않았는지, 나도 모르게 남을 비방하거나 모욕하는 대목을 쓰지나 않았는지 같은 것들이죠. 그중에서도 특히 글의 중반을 넘어서면서부터 점점 감정적이 되었고, 위트를 잃지는 않았는지가 가장 큰 걱정입니다. 안 그래도 유머 감각이 없는 마당에 억지로 유머를 짜내다 보니 종반부에 이르러서는 도저히 못 견디겠다는 심정이 되어 버려 글이 다소 무거워진 느낌입니다.

그러다 보니 후기에는 언제나 앞서 했던 말을 뒤늦게 요약하게 됩니다. 그렇지만 그냥 요약하면 없어 보이기도 하고 읽을 것 같지도 않으니, 그럴싸한 인용구를 가져와서 다음 책의 예고와 함께 써 봐야겠습니다.

"우리는 자기 자신에 대해 배려하기 전에 남을 배려해서는 안 된다. 자기에 대한 배려는 자기에 대한 관계가 타인에 대한 관계보다 존재론적 우위를 갖는 만큼 도덕적으로도 우선 되어야 한다. …… 좋은 통치자란 정확히 자신의 힘을 올바르게 사용하는 사람, 즉 동시에 자신의 힘을 올바르게 자기에게 행사하는 사람이다. 그리고 타인들에 대한 권력을 통제하는 것은 다름 아닌 자기에 대한 권력이다."

이 인용문은 푸코가 사망하기 얼마 전에 했던 인터뷰의 한 도막입니다. 다음에 자세히 다루겠지만, 푸코는 이기주의도 일방적인 자기희생도 아닌 자기 배려가 필요하다고 말했습니다. 그것이 타인에 대한 배려보다 우선 되어야 한다고 생각하였죠. 나를 희생시켜 타인을 행복하게 만드는 것은, 그럴 수도 없고 그래서도 안 된다는 말입니다. 예를 들어 가족에 어떤 문제가 있어서 어머니가 희생하면 모든 문제가 해결된다고 가정하였을 때, 당신은 그런 어머니의 희생을 기꺼이 받아들이시겠습니까?

이러한 희생은 심지어 타인에 대한 배려조차도 아닙니다.

입장을 바꾸어 실제로 당신이 희생하면 모든 문제가 사라진다고 가정하였을 때, 주변 사람들이 당신의 희생을 원하면 좋으시겠습니까? 만약 그렇다면, 그건 타인을 괴물로 만드는 것입니다.

그렇다고 이 자기 배려가 자기만 생각하는 이기적이고 일방적인 것을 말하는 것은 아닙니다. 우리가 흔히 오해하는 이기주의자란, 자기만 사랑하고 남들은 사랑하지 않는 것이 아니라, 오히려 남은커녕 자신조차도 사랑하지 못하는 사람입니다. 내가 하고 싶은 대로 나에게 다 해주는 것이 과연 나를 배려하고 사랑하는 것일까요? 그것은 오히려 나를 파멸로 몰고 가는 행위입니다.

푸코에 따르자면, 남에 대한 배려가 없고 자신에 대한 배려만 있다거나, 상대에 대한 배려만 있고 자신에 대한 배려가 없는 사람은 없습니다. 배려란, 의도의 문제가 아니라 능력의 문제이기 때문이죠. 그렇기 때문에 나에 대한 배려가 있는 사람만이 상대도 배려할 수 있습니다. 그리고 그 반대 역시 같습니다. 이에 관해서는 다음에 더 다루도록 하겠습니다.

이것은 삶을 긍정하는 것에 대해서도 마찬가지입니다. 자신의 삶을 배려하고 긍정해야 하지만 사람들이 그러지 못하는 것은 그들에게 그럴만한 능력이 없기 때문이라고 푸코는 말합니다.

그런데 다행인 것은 그것이 능력이기 때문에, 누구나 갖출 수 있는 능력이기 때문에 역설적으로 사람은 누구나 자신의 삶을 긍정할 수 있고, 자신을 배려할 수 있습니다.

그래서 이번 책에서는 니체를 통해 기존의 가치를 파괴하는 것에 대해 말했다면, 다음 책에서는 앞서 푸코의 말처럼, 사람들은 더 자유롭다는 것을, 그래서 누구나 삶을 긍정하고 사랑할 수 있다는 것을, 그리고 어떻게 해야 그럴 수 있는지를 말하고자 합니다.

긴 글 읽어 주셔서 감사합니다.

참고문헌

W.K.C. 거스리, 《희랍 철학 입문-탈레스에서 아리스토텔레스까지》, 박종현 옮김, 서광사, 2000년.

강준민, 리처드 포스터 외 엮음, 《레노바레 성경 개정 개역판》, 두란노, 2006년.

김인곤 외 옮김, 《소크라테스 이전 철학자들의 단편 선집》, 아카넷, 2005년.

니겔 로스펠스, 《동물원의 탄생(Savages and Beasts: The Birth of Modern Zoo)》,
        이한중 옮김, 지호, 2003년.

르네 데카르트, 《방법서설(Discours de la méthode)》, 이현복 옮김, 문예출판사, 1997년.
        《성찰(Meditationes de prima philosophia)》, 이현복 옮김, 문예출판사, 1997년.

르네 지라르, 《폭력과 성스러움(La Violence et le Sacre)》, 박무호, 김진식 옮김, 민음사, 2000년.
        《희생양(Le Bouc emissaire)》, 김진식 옮김, 민음사, 2007년.

박민규, 《죽은 왕녀를 위한 파반느》, 예담, 2009년.

백승영, 《니체, 디오니소스적 긍정의 철학》, 책세상, 2005년.

쇠얀 키르케고르, 《죽음에 이르는 병(Sygdommen til Døden)》, 임규정 옮김, 한길사, 2007년.

신형철, 《몰락의 에티카》, 문학동네, 2008년.

알베르 카뮈, 《알베르 카뮈 전집 2, 3, 4, 5, 6》, 김화영 옮김, 책세상, 2010년.

정동호, 《니체》, 책세상, 2014년.

존 D. 카푸토, 《How to read 키르케고르》, 임규정 옮김, 웅진지식하우스, 2008년.

질 들뢰즈, 《Essays Critical and Clinical》, Trans. Daniel W. Smith & Michael A. Greco,
        U of Minnesota Press, 1997(《비평과 진단》, 김현수 옮김, 인간사랑, 2000년).
        《니체와 철학(Nietzsche et la philosophie)》, 이경신 옮김, 민음사, 2001년.
        《들뢰즈가 만든 철학사》, 박정태 옮김, 이학사, 2007년.
        《차이와 반복(Diffe'rence et Re'pe'tition)》, 김상환 옮김, 민음사, 2004년.

질 들뢰즈, 펠릭스 가타리, 《카프카: 소수적인 문학을 위하여(Kafka)》, 이진경 옮김, 동문선, 2001년.
　　　　　《천 개의 고원(Mille Plateaux: Capitalisme et Schizophrenie)》, 김재인 옮김,
　　　　　새물결, 2001년.

프리드리히 니체, 《바그너의 경우, 우상의 황혼, 안티크리스트, 이 사람을 보라, 디오니소스 송가,
　　　　　니체 대 바그너》, 백승영 옮김, 책세상, 2002년.
　　　　　《차라투스트라는 이렇게 말했다(Also sprach Zarathustra)》, 정동호 옮김,
　　　　　책세상, 2000년.
　　　　　《인간적인 너무나 인간적인(Menschliches, Allzumenschliches) 1, 2》, 김미기 옮김,
　　　　　책세상, 2001년.
　　　　　《유고(1887년 가을~1888년 3월)》, 백승영 옮김, 책세상, 2000년.
　　　　　《비극의 탄생, 반시대적 고찰》, 이진우 옮김, 책세상, 2005년.

플라톤, 《에우티프론, 소크라테스의 변론, 크리톤, 파이돈》, 박종현 역주, 서광사, 2003년.
　　　《국가·정체》, 박종현 역주, 서광사, 1997년(2005년 개정판).
　　　《티마이오스》, 박종현, 김영균 공동 역주, 서광사, 2000년.

피터 싱어, 《동물해방(Animal Liberation)》, 김성한 옮김, 연암서가, 2012년.

허먼 멜빌, 《필경사 바틀비(Bartleby, the Scrivener)》, 공진호 옮김, 문학동네, 2011년.